ADRIA

KULINARISCHE LANDSCHAFTEN VON BRINDISI BIS DUBROVNIK

COLLECTION ROLF HEYNE

Martina Meuth · Bernd Neuner-Duttenhofer

ADRIA

KULINARISCHE LANDSCHAFTEN VON BRINDISI BIS DUBROVNIK

Collection Rolf Heyne

SLOWENIEN
KROATIEN
BOSNIEN-HERZEGOWINA
ADRIATISCHES MEER
MONTENEGRO
ALBANIEN
TYRRHENISCHES MEER

INHALT

ISTRIEN

FRIAUL – JULISCH VENETIEN

ADRIA

Nicht eine Landschaft, sondern ein Meer mit seinen Küsten und Inseln, Hafenstädten und Fischerdörfern steht im Mittelpunkt unseres Buches – die Adria. Ein Meer mit zwei Gesichtern!

Im Norden und Westen, auf der italienischen Seite, wird die Adria von Sandstränden gesäumt, mit meist nur mäßig ansteigenden Hügeln im Hinterland. Apuliens Küste ist felsig, aber das Ackerland reicht oft bis ans Meer: Es gibt eine vielfältige Landwirtschaft, die Küche ist abwechslungsreich. Die flachen Strände und die von Landzungen vom Meer abgegrenzten Lagunen haben allerdings mit Verschmutzung zu kämpfen – die Klärung der Abwässer der Städte und der sich dynamisch entwickelnden Industrie lässt zu wünschen übrig, die Einträge des Po und der südlicheren Flüsse sind beträchtlich.

Die östliche Küste dagegen ist gebirgig, felsig, stark zerklüftet, schroff und steinig, häufig dramatisch hochragend. Hunderte von Inseln unterschiedlichster Größe sind die Spitzen des unter den Meeresspiegel abgesunkenen Teils der sich von den Alpen bis nach Griechenland ziehenden Kalkgebirge. Kräftige Strömungen und ein reger Austausch von Tiefen- und Oberflächenwasser sowie geringe Industrieansiedlung garantieren ein wunderbar klares Wasser mit großem Artenreichtum an Fischen und Meeresfrüchten (was freilich vor Überfischung nicht geschützt hat). Zwischen den Gebirgszügen weite Täler, Naturschutzgebiete, Seen, Wasserfälle, in Niederungen und Ebenen gedeihen Obst und Gemüse. Ziegen und Schafe liefern Fleisch und Käse, die Küche ist eher karg.

Die Adria gehört zu den ältesten Siedlungsräumen Europas. Von Osten drückten immer wieder neue Völker herein, drängten vom Balkan hinüber auf den Stiefel. Die Griechen erschlossen sie von Süden. Die Römer wurden zur ersten, das gesamte Gebiet ordnenden Macht, bis die germanischen Stämme hereinbrachen. Seit jeher war die Adria bedeutender Handelsweg, verband Mitteleuropa mit dem Orient. Mit dem langsamen Niedergang von Byzanz gewann Venedig ab dem 10. Jahrhundert die Vormacht. An Kroatiens Küsten wurden von den Osmanen vertriebene Stämme angesiedelt – alleine auf der kleinen Halbinsel Istrien zählt man rund 60 Ethnien! In der Küche findet man daher neben den vielfältigen, von allen Ufern des Mittelmeers stammenden, also mediterranen Einflüssen auch solche aus Zentralasien, slawische und ungarische Traditionen und solche aus dem Alpenraum: Österreich-Ungarn grenzte Jahrhunderte lang an die Adria, Triest ist Mitteleuropa! Und in Apulien wirkt die Zugehörigkeit zu Spanien und Frankreich nach.

Ein gutes Jahr haben wir die beiden Küsten intensiv bereist, haben uns dabei nie weiter als dreißig Kilometer vom Meer entfernt, um auch den Weinbau, die Produktion von Olivenöl, die Käsewirtschaft und die Herstellung von Würsten und Schinken dokumentieren zu können, die auch in den verschiedenenKüchen der Küste elementare Bedeutung haben – es bestand immer reger Tauschhandel mit haltbar gemachten Produkten des Meeres (Anchovis, eingelegte und getrocknete Fische) sowie Vorräten des Landes (Öl, konservierte Früchte und Gemüse, Käse, Wurst und Schinken, Getreide).

Natürlich stehen Fisch und Meeresfrüchte ganz im Mittelpunkt der kulinarischen Genüsse an der Adria. Überall wird Fisch gegrillt, gebacken, frittiert und gekocht – Zubereitungsarten, die elementar gut sein können, wenn sie richtig und mit Perfektion ausgeführt werden. Aber vor allem Fisch wird einfach auf den Grill geknallt und dann sich selbst überlassen, ist fast immer trocken, verkohlt, übergart. Beim Fleisch ist das übrigens kaum anders.

Beim »Kochen« die gleichen Fehler: Zwar verträgt fangfrischer Fisch sprudelndes Kochen und braucht länger als ein abgelegener, aber die wenigsten Köche scheinen das zu wissen und zu berücksichtigen. Man setzt Fisch, Krustentiere – und die Gemüse! – zu lange zu starker Hitze aus. Freilich ist das aus der Vergangenheit zu erklären, als es keine Kühlschränke gab und das Frischhalten der empfindlichen Produkte schwierig war – da hat man dann alles lieber durch und durch erhitzt, um Risiken auszuschließen. Das eigentlich überholte Prinzip scheint sich selbstständig gemacht zu haben und ist, weil es jede Schlamperei rechtfertigt, allgemeiner Usus geblieben.

Es war daher ein ziemlich schwieriges und unerwartet aufwändiges Unterfangen, sowohl auf italienischer wie auf kroatischer Seite, die wirklich guten Restaurants unter den unglaublich vielen weniger guten aufzuspüren – unter einfachen Konobe und Trattorien nicht anders als bei Restaurants und sogar hoch gelobten Spitzenhäusern. Die Speisekarten geben kaum

Das weiße Dorf Peschici auf dem Stiefelsporn des Gargano – italienische Küste mit dalmatinischer Anmutung. Oliven liefern mit ihrem Öl ein Grundnahrungsmittel der gesamten Adria-Region

Aufschluss, die Gerichte sind fast überall gleich – und kosten, von Ausnahmen abgesehen, auch gleich viel, freilich entsprechend dem Luxus des Hauses. Fisch wird in Kroatien zum Beispiel nach Kilo und Kategorie berechnet – man zahlt aber nur das Gewicht des bestellten Exemplars, das hoffentlich korrekt abgewogen und hoffentlich auch so serviert wird.

In Kroatien begeistert die stürmische Entwicklung seit 1995, dem Ende des Krieges mit Serbien. Was für ein wunderschönes, geschichts- und zukunftsträchtiges Land! Wir haben zwar noch in unsäglichen, dem Tito-Sozialismus nicht entwachsenen Häusern gelitten, aber auch hervorragende Restaurants und angenehme Hotels gefunden, warmherzig-traditionelle wie cool-moderne Gastlichkeit. In wenigen Jahren holt man hier auf, was sich in Italien in Jahrzehnten entwickelt hat. Allerdings ist man an den Gestaden der Adria noch nicht so weit wie in der Toskana – noch ist es hier auch billiger ... Aber die Marken und Apulien beginnen rasch aufzuschließen!

In der mehr dem Preis als dem Wohlgeschmack verpflichteten Touristen-Küche – die natürlich an der gesamten Adria überwiegt und keinesfalls nur die Ausländer, sondern vor allem die Landsleute aus den städtischen Zentren im Visier hat – wird hüben wie drüben auf dieselbe Weise gebruzzelt, gebacken und frittiert: Mit billigem Öl, Tiefkühlprodukten simpelster Provenienz, Fertigsaucen und Backmischungen, Cremes aus der Tüte. In Kroatien kommt hinzu, dass man den Köchen jahrzehntelang (leider mit einem gewissen Recht) gepredigt hatte, die ausländischen Urlauber mögen nur langweilige Allerweltsgerichte, keinen Knoblauch, kein Olivenöl, keine Kräuter. Unglücklicherweise hat das auf die Landesküche zurückgeschlagen, man muss die nicht überlieferten lokalen Raffinessen erst wieder neu entdecken.

Auch in positiver Hinsicht gleichen sich die Gestade: In Istrien, Venetien und den Marken findet man eine ausgeprägte Spitzengastronomie, die mit erstklassigen Produkten eine ausgefeilte, die Zunge umspielende Küche pflegt, während in Dalmatien, den Abruzzen, Molise und Apulien die Bauern- und Fischerküche überwiegt, die das lokale, ehrliche Produkt ziemlich unverändert in den Mittelpunkt stellt.

So kommt es allein auf die Ansprüche und Fähigkeiten der Patrons und Köche selbst an, was schließlich auf den Teller gelangt. An besten Zutaten aller Art fehlt es den Regionen nicht! Da die klimatischen Grund-

bedingungen an der ganzen Adria ähnlich sind, gibt es überall auch ähnliche Zubereitungsarten. Basiszutaten stellen wir deshalb vorzugsweise dort vor, wo sie exemplarisch in der Küche verwendet werden. Für die Trüffeln haben wir uns zum Beispiel auf Istrien beschränkt und auf Romagna, Marken und Abruzzen verzichtet, obwohl sie auch dort reichlich vorkommen. Ihre Verwendung ist hier wie dort gleich.

In den Regionen waren wir zu unterschiedlichen Jahreszeiten unterwegs. Nur für die weißen Trüffeln und die Olivenernte war der Winter erforderlich, ansonsten haben wir uns auf die Zeiten beschränkt, in denen man im Allgemeinen an die Adria reist. In Apulien und Dubrovnik bemüht man sich, die alten Gepflogenheiten wieder zu beleben, nämlich im Winter an die Adria zu reisen, wie einst die Wiener nach Opatja. Für Golfer eine schöne Sache!

Wir haben dieses Buch deshalb nicht nach Jahreszeiten gegliedert, sondern laden Sie zu einer Reise rund um die Adria ein, beginnend in Venedig, die Küste hinunter nach Apulien, dann auf die andere Seite, unter Auslassung der kulinarisch noch weniger entwickelten Länder nach Dalmatien, schließlich über Istrien und Friaul zurück. Ein riesiges Gebiet! Wir mussten daher großräumig vorgehen, uns auf wesentliche Eindrücke beschränken. Wir erheben nicht den Anspruch auf Vollständigkeit – gewiss gibt es viel mehr empfehlenswerte Orte, Restaurants und Hotels, auch sind eine Reihe von saisonalen Produkten und regionalen Spezialitäten den Reisezeiten zum Opfer gefallen. Trotzdem hoffen wir, mit unseren Bildern, Beschreibungen und Rezepten die Welt der Adria eingefangen zu haben und Ihnen vermitteln zu können.

Beim Schreiben des Buches lebten die Erinnerungen wieder auf. Wir haben so viele warmherzige, gastfreundliche Menschen an den wunderschönen Küsten getroffen, so viele Köstlichkeiten entdeckt – wir würden uns am liebsten sofort wieder auf den Weg machen! Tausend Dank an alle, die uns ihre Freundschaft geschenkt, uns Genuss bereitet, bei der Arbeit an diesem Buch geholfen haben! Salute bella Adria!

Kleines Adria-Mosaik (im Urzeigersinn): Dalmatiens Inselstadt Korčula, die »Masseria Torre Coccaro« in Apulien, im Hafen von Giovinazzo bei Bari, Felsbogen im Gargano, ausgewählte Weine aus der Romagna, die Terrasse des Hotels Milenij in Opatija

LA SERENISSIMA

Venedig selbst zeichnete sich mit dieser einst den Fürsten reservierten Anrede »Durchlauchtigste« aus – was so viel bedeutet wie »sehr hell strahlend«: keineswegs bescheiden, aber zutreffend!

Ein seidiger Schimmer liegt über der Stadt in der Lagune. Er verleiht ihr jene charakteristische Transparenz, die den vor sich hindämmernden Fassaden der Paläste und Häuser, den Kirchen und Klöstern eine unwirkliche Leichtigkeit und Eleganz, ihrer müden Präsenz eine fürstliche Würde schenkt. Venedig ist mehr als nur Zeuge einer glorreichen Vergangenheit, es fängt seine Besucher ein, versetzt sie in einen kaum als real empfundenen Zustand der Verzauberung – und wird selbst wieder zum Spiegel eben dieser Verzauberung seiner Betrachter: Es spielt mit den Empfindungen, verhält sich wie eine kokette Geliebte, entgleitet hier, taucht dort mit wundersamer Geste wieder auf, zeigt mal die kalte Schulter, um sofort mit verschwenderischem Reiz zu locken. Dem üblen Gestank des dreckig schwappenden Lagunenwassers setzt die feine Grazie der Gondeln ein nervöses Krönchen auf. Den rottenden, schiefen Fundamenten der Paläste begegnen die goldenen Ornamente und die kunstvoll verwaschenen Farben der renovierten Fassaden am Canal Grande mit lässiger Anmut. Die Piazza San Marco, deren typisch venezianischer Barock uns durch hundertfache Nachahmung (Paris: Rue de Rivoli) vertraut scheint, gewinnt durch die großzügigen Vorhänge in den Bögen den Charakter eines riesigen und doch fast intimen Wohnraums.
Venedig und die Adria: Kaum jemand denkt an Venedig, wenn er Adria hört. Venedig ist die einzigartige Lagunenstadt, eine eigene Welt. Die Adria und ihre Geschichte indes wären nicht denkbar ohne Venedig

Stolz steht der Campanile, den die Venezianer anzüglich »Herr im Haus« nennen. Der geflügelte Löwe des Apostels Markus – dessen Gebeine 828 aus Alexandria in den Dom »geholt« wurden – wacht auf seiner in Konstantinopel geraubten Granitsäule über den Dom mit seinem einzigartigen Stilgemisch, den Uhrturm, dessen die Stunde schlagende Mohren vielfach kopiert wurden, den glanzvollen Dogenpalast, die Loggetta sowie die Piazza San Marco, den schönsten Salon der Welt, wie Napoleon meinte.

VENEDIG: ZAUBER UND PRACHT ZWISCHEN WASSER UND WOLKEN

– jahrhundertelang hat die Stadtrepublik das Meer beherrscht und seinen Gestaden ihren Stempel aufgedrückt, hat Istrien und die Inseln Dalmatiens kontrolliert, die Ostküste des italienischen Stiefels gezähmt – obendrein lange den Türken getrotzt und das gesamte östliche Mittelmeer fest im Griff gehabt. Aber diese Zeiten sind längst vorbei, gingen mit Napoleon unter. Venedigs Spuren, seiner kultivierten, filigranen Baukunst und dem Macht demonstrierenden Löwen begegnen wir rund um die Adria allenthalben. Den Spuren, ja – die Lebensart jedoch hat sich andernorts anders entwickelt, wie wir sehen werden.

Seit dem 18. Jahrhundert, in dem die Macht der Dogen, der Staatsoberhäupter Venedigs, verloren ging, wird die Stadt von einer gewissen Gleichgültigkeit beherrscht, einem Laissez-faire, das lange dem drohenden Untergang wenig entgegenzusetzen vermochte. Inzwischen hat sich das geändert, kühne

Pläne wurden vorgestellt und ausgiebig diskutiert, aber ein kraftvolles Aufbegehren gegen die jährlich bedrohlicher werdenden Überschwemmungen und das Absinken der Stadt lässt sich dennoch nicht ausmachen. »Wir sind schon ein pessimistisches Völkchen, finden Sie nicht?«, lässt Donna Leon ihren Commissario Brunetti die Ärztin Barbara Zorzi fragen. »Wir hatten immerhin einmal ein Weltreich«, sagte sie mit der gleichen Geste wie vorhin, die wieder die Basilika, den Campanile und die Loggetta von

Der von zahllosen Tauben bevölkerte Markusplatz war seit jeher Treffpunkt von Menschen aus aller Welt. Die Gondeln hingegen, einst wichtigstes Transportmittel im Alltag, befördern heute fast nur noch Touristen.

Sansovino umschloss. Jetzt haben wir nur noch dieses Disneyland. Ich glaube, das ist Grund genug zum Pessimismus.«
Dem ist nicht viel hinzuzufügen. Und für die kulinarische Szenerie bedeutet das natürlich nichts Gutes. Wo Touristenströme sich verköstigen, machen die Wirte Kasse – für Gäste, die nie wieder kommen werden, braucht man sich nicht anzustrengen und kann ihnen doch unverhältnismäßig viel abknöpfen. Wie der Gondoliere, der lieber für viel Geld nur eine Tour macht, als sich für weniger mehrmals anzustrengen, so geben sich auch nur wenige Köche die Mühe, den köstlichen Zutaten, die Venedigs Märkte bieten, die ihnen eigentlich gebührende Sorgfalt bei der Zubereitung angedeihen zu lassen. Gewiss, es gibt einige gute Restaurants (etwa das »Da Fiore«), aber kulinarische Meisterleistungen sind rar. Die Venezianer selbst sind nicht mehr so anspruchsvoll wie zu den Glanzzeiten der Stadt: Sie halten sich an die einfachen Gaststuben der »Baccheri«, in denen man unkomplizierte, traditionelle Gerichte zum Glas Wein serviert.

VENEDIG ZWISCHEN STILLE UND ALLTAG

Weil man für alle Erledigungen mehr Zeit verliert als anderswo, haben viele Venezianer ihre von Touristen verstopfte (und überteuerte) Stadt verlassen. Das Leben ist umständlicher hier, man kann nicht mit den Einkäufen vor die Haustüre fahren. In der autofreien Stadt sind Schiffe das übliche Transportmittel – für Wein wie für die Gemüse des Marktes im Zentrum der Stadt, wo man neben fabelhaftem Fisch und Meeresgetier küchenfertig zugeschnittene Artischockenböden kaufen kann. Verlässt man die touristischen Trampelpfade, taucht man schnell in die venezianische Lebensart ein: Überall gibt es kleine Lokale, »Baccheri« genannt, weil man dort Bacchus huldigt, in denen man auch essen kann – etwa in der »Osteria al Mascaron« einen Antipasti-Teller mit gegrilltem und mariniertem Gemüse (alle frisch!) und Salaten von Oktopus und Sepia sowie marinierten Fischen. Die Venezianer lieben es, sich in oder vor solchen Kneipen zur ombra, *einem Glas Wein, zu treffen. Für die Fremden werden unzählige Hotels zur Zufluchtsstätte, vom gemütlichen Haus mit verwunschenem Garten (Hotel »Flora«) bis zur amerikanisch geprägten Luxusherberge (hier die verspiegelte Bar des Hotels »San Clemente Palace« im ehemaligen Kloster auf der gleichnamigen Insel).*

20x 1,50 €
30x 2,00 €
FAVOLOSI
COFERASTA
106,00
FAVOLOSI

KLARE PERFEKTION

Haus wie Küche und Keller, jedes Detail durchdacht und bis ins kleinste von ausgesuchter Qualität. Mit Herz, Verstand, mit Können und Leidenschaft betrieben: die »Antica Trattoria da Cera«

Mit den Eltern hatte alles angefangen: Mama Silvana servierte in ihrer beliebten, verkehrsgünstig an einer wichtigen Kreuzung zur schnurgeraden Verbindungsstraße zwischen Venedig und Chioggia gelegenen Bar sonntags gebackenen Fisch. Ihr Mann war Fischer und er zog damals noch einen reichen Fang aus der nahen Lagune. Nach und nach erweiterte sie ihre Bar zur Osteria, und als später Sohn Daniele und Tochter Lorena einstiegen, wurde daraus bald eine weithin geschätzte Trattoria. Seit Schwester Simonetta ihren Mann Lionella, der mit klaren Ideen nach den Sternen strebte, in das Familienunternehmen einbrachte, ist es zum eleganten Restaurant geworden. Eineinhalb Jahre Umbau! Um diese Zeit zu überbrücken, hatte man in der Nähe ein Lokal gemietet, schließlich musste der Betrieb Geld verdienen. Danach war die »Antica Trattoria« nicht mehr wiederzuerkennen: Großzügig, mit edlen Materialien, schönen Farben und ausgeklügeltem minimalistischen Design.

Scampi sotto sale – so pur wie schlicht! Auf Backpapier eine Schicht grobes Salz aus der Saline von Cervia, darauf makellos frische, adriatische Scampi, darüber wieder Salz. Nach einigen Minuten im Ofen werden sie am Tisch ausgegraben; sekundenkurzes Eintauchen in Eiswasser stoppt den Garprozess, so bleiben Fleisch und Innereien unglaublich saftig. Einzigartig, diese Klarheit und Frische, das Meeraroma, der Duft von Salz! Der Wein dazu: Castello di Lispida bianco aus Monselice, oxydativ in der Amphore ausgebaut, bernsteinfarben, dicht, konzentriert, mit dem Geschmack von Zeit.

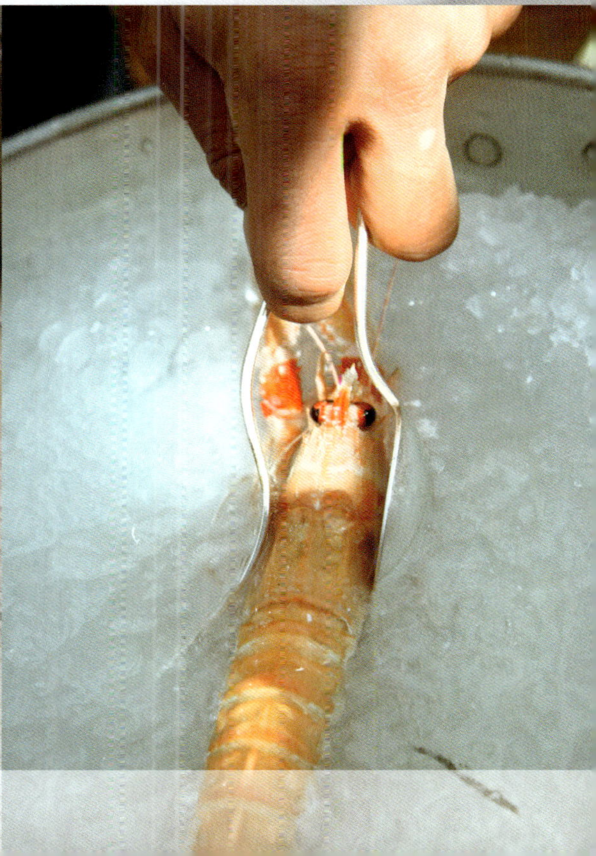

Hinter einer dichten Hecke, die den heftigen Verkehr abschirmt, eine Oase von geradezu japanischer Schlichtheit: Gebändigtes und wildes Grün, grauer Kiesel, helles Holz, eine geradlinige Backsteinfassade. Auf einem Designertischchen aus schwarzem Draht neben der unauffälligen Tür lockt die Speisekarte, deren Typographie bereits guten Geschmack beweist. Geöffnet wird auf Klingeln. Herzlicher Empfang. Ein lichter Speisesaal, in warmen Tönen, dahinter eine zum Himmel überglaste, klimatisierte Terrasse. Schön! Die Spezialität des Hauses steht als erste Vorspeise alsbald auf dem Tisch, schön wie ein Gemälde: I colori di mare – die Farben des Meeres. Alles Fische aus der Adria, versteht sich, und alle roh: Vom Wolfsbarsch mit Basilikumduft über Thunfischtatar mit grüner Apfelsauce, Scampi mit Schnittlauch, Sepie mit Vanille, Jakobsmuscheln mit Zitrone, Felsenfische mit Kräutern, Ricciolascheibchen mit Birne, Tiefseegarnelen mit Ingwer, bis zu Anchovis auf Auberginen. Und in der Mitte Thunfisch mit Tomaten und Ingwer.

1

RAVIOLI MIT MEERESRAGOUT

Viel Eigelb verleiht dem hauchdünnen Teig die kräftige Farbe und seinen bei aller Zartheit festen Biss.

<u>Für vier bis sechs Personen:</u>
250 g Mehl (Type 405), 4 Eigelb, 2 ganze Eier, Salz, 4 EL Olivenöl, 200 g Burrata (nur wenige Tage alter Kuhmilchfrischkäse; ersatzweise Schichtkäse), 2 Schalotten, 2 Knoblauchzehen, 2 reife Tomaten, 2 Zweige Origano, 1 EL kleine Kapern, 1 Prise Cayennepfeffer, weißer Pfeffer aus der Mühle, abgeriebene Zitronenschale, ca. 500 ausgelöste Meeresfrüchte: Garnelenschwänze, Vongole, winzige Sepie oder Kalmare

Aus Mehl, 5 Eigelb, einem ganzen Ei, ¼ TL Salz und 1 EL Olivenöl einen weichen Teig kneten. Eingepackt eine halbe Stunde ruhen lassen.
Für das Meeresragout sehr fein gehackte Schalotten und Knoblauch in Olivenöl andünsten. Tomatenfleisch, Origano und Kapern zufügen, schmurgeln lassen, bis die Tomaten schmelzen. Salzen, mit Cayenne, Pfeffer und Zitronenschale würzen. Die geputzten Meeresfrüchte darin zwei bis drei Minuten gar ziehen lassen. Den Teig mit der Nudelmaschine hauchdünn auswalzen. Das Teigband mit Eiweiß einpinseln. Die Burrata (Schichtkäse gut würzen!) in regelmäßigen Abstanden teelöffelweise unterhalb der Mittellinie daraufsetzen. Das Band zusammenklappen. Halbrunde Ravioli ausstechen. In gut gesalzenem Wasser ein bis zwei Minuten kochen. In vorgewärmten Tellern mit Meeresragout anrichten.

COOLES DESIGN, LICHTE FARBEN UND EINE HERZERWÄRMENDE KÜCHE

La grancevola – *die klassische venezianische Spezialität, hier in selten makelloser Perfektion: Das Fleisch der Seespinne, das mühsam und geduldig nach dem Kochen aus Beinen und Panzer gepult werden muss. Hier ist alles sorgsam geputzt und wird absolut pur serviert – lediglich mit ein paar Körnchen Salz, einer Spur Zitrone und feinstem Olivenöl angemacht und in ihrer eigenen Schale. Obenauf eine stattliche Portion vom Rogen. Auf dem edlem Silbergestell ein hübscher Anblick und für die Zunge ein überwältigender Genuss!*

2

BASILIKUMEIS MIT OLIVENÖL

Klingt ungewöhnlich, aber passt perfekt. Es ist auf der Zunge cremig und sanft, dank des weichen Olivenöl aus Belice (Westsizilien) wunderbar rund im Geschmack.

Für vier bis sechs Personen:
1 Bund Basilikum, 200 g Sahne, 3 Eigelb, 3 EL Zucker, 1/8 l mildes Olivenöl, 1 Prise Salz
Walderdbeeren & kandierte Oliven:
500 g Wald- oder Monatserdbeeren, 3 EL Zucker, 1 Zitrone, 100 g schwarze Oliven, 50 ml Wasser, 70 g Zucker

Die Basilikumblätter in kochendes Wasser tauchen, sofort abkühlen, damit die schöne Farbe erhalten bleibt. Mit der Sahne mixen, bis die Blätter absolut aufgelöst sind. Die Sahne durch ein Sieb passieren und aufkochen.
Eigelb und Zucker in einem dickwandigen Topf auf mittlerem Feuer dick und cremig schlagen, die heiße Basilikumsahne zufügen und unter ständigem Rühren erneut erhitzen, bis die Masse dick wird, nicht lange wallen lassen, weil sie sonst gerinnt. Das Olivenöl unterrühren. Abgekühlt in der Eismaschine gefrieren.
Zwei Drittel der Erdbeeren mit Zucker pürieren, mit Zitronensaft und -schale würzen. Restliche Erdbeeren unterrühren. Mit dem Basilikumeis in Dessertschalen anrichten.
Garnitur: Kandierte Oliven. Dafür entsteinte Oliven mehrmals in Zuckersirup tauchen (Zucker und Wasser eine Minute kochen) und jeweils trocknen lassen.

3

CHAMPAGNER-GRANITA AUF PFIRSICHPÜREE

Kein geringerer Champagner als Billecart-Salmon Rosé ist die Basis für das Eis. Sein Pfirsichduft findet im Püree und Kompott dieser Früchte die perfekte Ergänzung.

Für vier bis sechs Personen:
250 ml Rosé-Champagner, 220 g Zucker, 1 Zitrone, 2 Blatt Gelatine, 6 reife, duftende, gelbfleischige Pfirsiche, 2-3 Basilikumblätter

Champagner mit 120 Gramm Zucker aufkochen, Saft einer halben Zitrone zufügen und die eingeweichte Gelatine darin auflösen. In die lauwarme Flüssigkeit etwas der ätherischen Öle der Zitronenschale spritzen. In eine Metallschüssel füllen und im Eisfach fest werden lassen; gegen Ende dieser Zeit mit dem Schneebesen aufrühren. Es sollen kleine Eiskristalle bleiben!
Die Pfirsiche in kochendes Wasser tauchen, abschrecken, häuten und entsteinen. Zwei Drittel davon mit dem Saft der zweiten Zitronenhälfte und Zucker pürieren. Abschmecken und kalt stellen.
Übrige Pfirsiche genau zentimetergroß würfeln. In einem Sirup aus restlichem Zucker (mit 0,1 l Wasser und einem Stück Zitronenschale eine Minute kochen) kurz ziehen, dann abkühlen lassen. Wie auf dem Foto hübsch anrichten. Mit haarfeinen Basilikumstreifen dekorieren.

Zugleich wurde am Küchenkonzept gefeilt. Ziel: die Küche der Region aus den bestmöglichen Zutaten und mit absoluter Präzision auf den Tisch zu bringen. Ein Segen, wie Daniele und Lorena in der Küche, als Autodidakten von Küchenzwängen gottlob unverdorben, sich von Lionella – der mit Silvana (Bild unten links) in Saal und Keller regiert – immer wieder beflügeln lassen und seine Ideen geradezu kongenial umzusetzen wissen, Mama Silvana noch immer an der Seite. Fünf Jahre schon, ein geradliniger, weiterhin steil verlaufender Erfolg. Mit zufriedenen Gästen kamen bald auch die Journalisten, die Restauranttester und schließlich der begehrte Stern im Michelin.

ALLE ZIEHEN AN EINEM STRANG – DIE STÄRKE EINES FAMILIENBETRIEBS

HAFENSCHICKSALE

Dem Landstädtchen Adria spielte das Schicksal schon böse mit – der Po schwemmte seinen Hafen zu! Und Chioggia dämmert als noch wichtigster Fischereihafen der nördlichen Adria vor sich hin.

Adria, in römischer Zeit der bedeutendste Handelshafen der Region, gab folgerichtig dem adriatischen Meer seinen Namen. Italiens größter Strom, der Po, der ein paar Kilometer südlich in die Adria mündete, schwemmte aber bereits im frühen Mittelalter so viel Sand und Erde an, dass der Hafen nicht mehr zu nutzen war. Heute hat der Po sein Delta weit ins Meer vorgeschoben und Adria liegt fast 20 Kilometer davon entfernt. Nur ein Kanal verbindet die jetzt von Landwirtschaft geprägte Stadt mit Lagunen und Meer. Allerdings hat man hier die alten Wurzeln nicht vergessen und sich unter anderem mit Rovinj in Istrien verschwistert, die Adria also wie einst als Bindeglied in die Mitte genommen.

Als Hafenstadt ist Chioggia zwar nicht bedroht, aber um die Fischgründe in der Lagune und der Adria steht es nicht zum Besten: Umweltverschmutzung und organisierte Raubfischerei setzen vor allem den Beständen der beliebten *vongole veraci* zu, der Teppichmuscheln, die auch Große Venusmuscheln genannt werden. Die wilden Bestände werden rücksichtslos geplündert – da helfen selbst die Kontrollen der Polizei nicht viel, denn die Räuber haben schnellere Schiffe. Und die Muschelzuchten leiden unter der bei bestimmten Wetterlagen schlechten Wasserqualität.

Deshalb bemüht sich Chioggia (der zungenbrecherisch erscheinende Name ist ganz leicht auszusprechen: Kiódscha!) inzwischen mehr um die Touristen, die den Yachthafen frequentieren, gerne an den Kanälen entlang und über die breite, platzähnliche Hauptstraße der Stadt schlendern, die wie ein bürgerliches, nicht von fürstlicher Pracht geprägtes Venedig erscheint. In der Umgebung eifern bereits mehrere Resorts um internationale, exklusive Klientel.

Chioggias Fischmarkt bietet reiche Auswahl an frischem Fisch. Was die Händler nicht hindert, mit speziellen Lampen für ein rötliches Licht zu sorgen, das auch nicht ganz so frischen Fisch fangfrisch leuchten lässt. Die Preise sind günstig, weshalb die Kundschaft von weither anreist.

VITE

SAND, SALZ UND FISCH

Cesenatico, einst Handelshafen, lebt heute vom Tourismus. Unter Pinien träumen Villen, Hotels säumen den endlosen Strand. Kanal und Hafen bieten Fischerbooten und Urlaubsyachten Schutz.

Cesenatico ist aber, anders als viele Badeorte, nicht nur in der Saison von Juli bis September lebendig! Die Nähe zu Bologna und den Industriezentren der Emilia-Romagna sorgt dafür, dass ganzjährig Ausflügler hierher kommen, um sich in einem der vielen Fischrestaurants zu verwöhnen. Die Atmosphäre des Ortes hat einen gemütlichen, kleinbürgerlich-familiären Charakter, die Restaurants mit traditionell zubereiteten Gerichten überwiegen – wogegen nichts zu sagen ist, wenn die Qualität stimmt. Viel zu oft spart man aber gerade daran, greift auf tiefgekühlte Atlantikware zurück, nimmt billiges Samenöl an Stelle eines edlen und kostspieligen Olivenöls, ist wenig präzise bei den Garzeiten und grillt den Fisch kaputt – die Sünden, denen man rund um die Adria begegnet. Wenn man aber Glück hat, schmeckt der fangfrische, panierte und in Olio extra vergine korrekt ausgebackene Fisch, seien es nur Sardinen (siehe unten) oder eine reiche *frittura mista*, einfach göttlich. Zum Beispiel in der Trattoria »San Marco« – gleich neben dem Fischmarkt.

Cervia, nördlich von Cesenatico, besitzt seit der Antike eine Saline, die einst Salz für die Päpste lieferte. Das riesige Gebiet steht unter Naturschutz, heute wird nur noch ein kleiner Teil als Saline bewirtschaftet, La Camillone. *Hier wird Meerwasser in flachen Becken verdunstet, bis das reine Salz übrig bleibt. Dieses schmeckt würzig und fast ein wenig süß. Es wird gereinigt und natur, in feinen oder groben Kristallen angeboten.*

RIMINI & ROMAGNA

Rimini ist praktisch ein Synonym für »Teutonengrill«. Tatsächlich begannen hier, am 30 Kilometer langen und 60 Meter breiten feinen Sandstrand, im 19. Jahrhundert die Badefreuden an der Adria.

Rimini, mit 130 000 Einwohnern das wirtschaftliche Zentrum zwischen Adria und Apennin, ist die Heimat Federico Fellinis, der zusammen mit seinem Freund Tonino Guerra, dem Drehbuchautor und Allroundkünstler aus dem nahen Santarcángelo di Romagna, der Welt den italienischen Autorenfilm bescherte. Seine Fans können hier das Grab besuchen, in dem er und seine Frau Giulietta Masini die letzte Ruhe fanden.

Die malerische Altstadt von Rimini, Endpunkt der für die alten Römer militärisch bedeutsamen Via Flaminia, liegt etwas landeinwärts und ist seit ihrer Renovierung sehr attraktiv. Sigismondo Malatesta, berüchtigtster Spross des ebenso grausamen und skrupellosen wie kunstliebenden Geschlechts der Malatesta, das im ausgehenden Mittelalter die Region beherrschte, ließ sich und seiner Maitresse und späteren Ehefrau hier einen ungewöhnlichen Tempel als Mausoleum errichten. Die Entwürfe stammten von Leon Battista Alberti, der damit die erste Renaissancefassade Italiens schuf.

Die Beziehungen Riminis zur anderen Seite der Adria waren stets eng: Die römische Brücke über die Marecchia in Rimini wurde aus istrischem Kalkstein erbaut, und San Marino soll von dalmatinischen Christen, die Diokletian verjagt hatte, unter Führung des Steinmetz Marinus gegründet worden sein. Dass diese kleinste Republik der Welt heute noch mitten in Italien unabhängig ist – und von Tourismus und Briefmarken gut leben kann –, erscheint als ein Witz der Geschichte.

Unten: Das coole Designer-Hotel »Duomo« mit seiner Bar im Zentrum von Rimini. Rechts: Szene im stillen Santarcángelo – unten die Piazza Ganganelli. Daneben ein gefülltes Fladenbrot, die allgegenwärtige Spezialität der Romagna: die Piadina.

KAISER
ITALIA
2.00

BEIM ARMEN TEUFEL

Doch essen, genießen, sogar schlafen wie bei Engeln: Das urgemütliche Gasthaus in Torriana ist der perfekte Ausgangspunkt für die reizvolle Ausflugsgegend zwischen San Marino und dem Meer.

Wer sich bei Rimini den Marecchiafluss entlang ins Hinterland begibt, erreicht an der Stelle, wo das nach Osten weit geöffnete Talbecken immer enger und schließlich von einer schroffen Steilwand südwärts abgedrängt wird, Torriana. Ein hübscher, kleiner Ort, der auf einem schmalen Sims direkt unter dieser Felswand thront. Dort, an der Piazza, wartet die Osteria und Locanda Il Povero Diavolo. Ein liebevoll restauriertes, schmales Haus, das neben verschiedenen gemütlichen Speiseräumen und einer pergolabeschatteten Innenhofterrasse noch sechs propere Gästezimmer birgt. Die Wirtsleute Fausto und Stefania Arlotti haben das Haus vor mehr als 17 Jahren erworben und immer weiter aus- und umgebaut, die Köche mit steigendem Anspruch jeweils ausgewechselt. Mit dem viel gelobten Küchenchef Riccardo Agostini sind sie heute hochzufrieden, natürlich sind sie auch weiterhin stets auf der Suche nach dem wahren Geschmack der Heimat. Einer ihrer wichtigsten Grundsätze lautet, so viele Produkte wie möglich selbst herzustellen. Hausgemachte Würste und Schinken, beispielsweise, die neben dem Weinkeller reifen (nächste Seite) und hauchdünn aufgeschnitten ein begehrter Appetithappen sind.

I

KALBSTATAR

Dazu ein Salat aus rohem Spargel und fruchtiger Himbeer-essig-Schaum: Erfrischend und leicht.

Für vier Personen:
500 g Kalbfleisch (Nuss, Oberschale, Rücken), Salz, Pfeffer, Zitronenschale, 4 EL Olivenöl, 200 g grüne Spargel, 100 g Himbeeren, 4 EL Himbeeressig, 1 TL Zucker, 2 EL Eiweiß

Das Fleisch von Hand fein hacken, mit Salz, Pfeffer, etwas Zitronenschale und Olivenöl würzen. Für den Salat die Spargel auf der Aufschnittmaschine längs hauchfein aufschneiden. Mit Salz, Pfeffer und Olivenöl marinieren. Himbeeren mit Himbeeressig zerdrücken, durch ein Sieb streichen. Zwei Esslöffel für Kleckse beiseitestellen, Rest mit Zucker und Eiweiß zum Schaum aufmixen. Wie auf dem Bild anrichten.

2

ERBSENCREME

Mit einem »Ölfaden« garniert und einer schräg gezogenen, schwarzen Linie von Sepia-Tinte.

Für vier Personen:
1 Zwiebel, 1 Knoblauchzehe, 2 EL Olivenöl, 200 g Erbsen, ½ l Brühe, 100 g Sahne, 250 g winzige Sepie oder Kalmare, Salz, Pfeffer, Cayennepfeffer, Zitronensaft

Zwiebel und Knoblauch in Öl andünsten, Erbsen und Brühe zufügen. 10 Minuten köcheln, mixen. Sahne dazu, aufkochen. Sepie darin ziehen lassen. Würzen.

I

2

3

4

3

DREIERLEI PUFFBOHNEN

Ganz, gehackt und als Eiscreme. Ein Frühlingsrezept, für das man die zarten Kerne junger Puffbohnen braucht.

Für vier Personen:
500 g ausgepalte Puffbohnenkerne, 1 Zwiebel, 2 Knoblauchzehen, 2–3 EL Olivenöl, Salz, Pfeffer

Bohnenkerne blanchieren, abschrecken, häuten. Mit Zwiebel und Knoblauch im Olivenöl sanft dünsten, salzen, pfeffern – sie sollen Biss haben. In drei Portionen teilen. Eine im Pacojetbecher gefrieren (Hochleistungsmixer, der sehr cremiges Eis macht). Die zweite mit dem Messer zum Tatar hacken; die dritte Portion bleibt unberührt. Zum Servieren die ganzen Puffbohnen erwärmen, neben dem Puffbohnentatar auf einem Teller anrichten. Die Eiscreme aus dem Pacojet als Kugel danebensetzen. Mit Dreiecken von jungem Pecorino, dünnen sardischen Brotblättern und mit Käsechips anrichten: Dafür in einer beschichteten Pfanne je 2 EL geriebenen Käse (Fossakäse – s. S. 39 – oder Pecorino) schmelzen, dabei rund formen.

4

TEUFELS-HÜTCHEN

Die Spezialität des Hauses: Cappelletti, Teigtäschen aus leuchtend gelbem, hauchdünnem Teig (viel Eigelb!), mit einer verblüffend zarten Fleischfüllung.

Für vier Personen:
1 Portion Ravioliteig (Seite 19), 150 g Kalbsfilet, 150 g Rinderfilet, 300 g Schweineschnitzel, ca. 4 EL Olivenöl, 1 Zwiebel, 2 Knoblauchzehen, Salz, Pfeffer, 50 g Frischkäse, 100 g Parmesan, Muskat, Zitronenschale, 1 Eiweiß

Den Teig kneten, ruhen lassen, dann auswalzen. Für die Füllung jede Fleischsorte in heißem Öl kurz anbraten, salzen und pfeffern. Mit im Bratfett gedünsteter Zwiebel und Knoblauch durch den Wolf drehen, mit Frischkäse und Parmesan zu einer Farce mischen. Mit Salz, Pfeffer, Muskat und Zitronenschale abschmecken. Teelöffelweise auf die Teigbänder setzen. Rundum mit Eiweiß einpinseln. Kreise ausstechen, zur Hälfte zusammenklappen, die Enden zusammenführen und Hütchen (Cappelletti) formen. In Salzwasser zwei Minuten gar ziehen lassen. Mit reichlich Parmesan und dem restlichen Olivenöl beträufelt servieren.

5

KNURRHAHNFILETS AUF ZUCCHINICREME

Die Kapuzinerkresseblüte obenauf sieht nicht nur bildschön aus, man kann und soll sie mitessen: Ihr herber Geschmack ist ein pikanter Gegensatz zur sanften Sauce.

Für vier Personen:
3 kleine Zucchini (ca. 300 g), 6 EL Olivenöl, Salz, Pfeffer, ⅛ l Brühe, einige Basilikumblätter, 12 Portionsstücke à 50 g Knurrhahnfilets (mit Haut), 4 EL Weißwein, 1 Döschen Safran, 4 Kapuzinerkresseblüten

Zucchini würfeln, in 2 EL Öl andünsten, salzen, pfeffern. Mit wenig Brühe zugedeckt 10 Minuten dünsten. Pürieren, dabei 2 EL frisches Öl und Basilikum untermixen und abschmecken.
Die Fischfilets auf beiden Seiten mit Salz und Pfeffer würzen. In einer Pfanne, in die alle nebeneinander hineinpassen, das restliche Öl und Weißwein brausend aufkochen, die Fischfilets (Haut nach unten) hineinlegen und zugedeckt neben dem Feuer ziehen lassen. Schließlich Safran in der restlichen Brühe auflösen, auf zwei, drei Esslöffel einkochen.
Zucchinisauce als Spiegel auf die Tellermitte geben, darauf die Fischstücke setzen, mit Safransauce umklecksen und mit den Blüten dekorieren.

6

MILCH-EIS AUF TAPIOKA

Was so simpel klingt, erweist sich auf der Zunge als genial: Wenn die Milch nicht pasteurisiert ist und von glücklichen Kühen kommt!

Für vier bis sechs Personen
1 l Vorzugsmilch, 3–6 gehäufte EL Zucker, etwas Zitronensaft, 1 Eiweiß, 150 g Tapioka, 1 Prise Salz, 1–2 dicke Scheiben Weißbrot

Einen halben Liter Milch nach Gusto süßen und mit Zitronensaft würzen, das Eiweiß untermixen, in der Eismaschine gefrieren. Tapioka in Wasser mit der Salzprise 20 Minuten kochen. Abgießen, mit 1/4 l Milch bedecken und über Nacht quellen lassen. Die Weißbrotscheiben zu Rechtecken zuschneiden, in der restlichen Milch über Nacht einweichen. Dann bei 100 Grad im Ofen trocknen. Mit Zucker bestreuen, mit der Gasflamme abflämmen und karamellisieren. Wie auf dem Bild anrichten.

5

6

SAN PATRIGNANO

Ein riesiges Gut. Reben, Olivenbäume, Schweine, Pferde, Rinder … Und viele Menschen: ehemals Drogenabhängige, die hier ein neues Lebensziel finden – indem sie erstklassige Produkte herstellen.

»Das Wichtigste für die Menschen, die in den unglückseligen Strudel gerissen wurden, ist: Sie müssen Selbstwertgefühl entwickeln!« Vincenzo Muccioli, der 1995 verstorbene Hotelier aus Rimini und Gründer des Unternehmens »San Patrignano«, um das sich inzwischen seine beiden Söhne kümmern, ist durch Erfahrung zu dieser Einsicht gekommen. Zunächst hatte er »nur« einem drogenabhängigen Mädchen helfen wollen, hatte sie auf seinem Bauernhof untergebracht und bemerkt, wie positiv sich das geregelte Leben auf dem Land, der Umgang mit Tieren und eine naturnahe Arbeit auswirkten. Daraus entstand das nunmehr über 250 Hektar umfassende Gut: eine kleine Stadt mit Krankenhaus, Sporthalle, Kino, Kellerei, Tierzucht (Schweine, Schafe, Pferde, Hunde), Milchwirtschaft, Bäckerei und Metzgerei, Verwaltungsabteilung, Laden und verschiedenen Werkstätten …

1200 Menschen leben und arbeiten hier! Sie zahlen nichts, erwirtschaften etwa zwei Drittel der Kosten ihres Aufenthaltes selbst, indem sie höchst professionell Spitzenprodukte erzeugen. »Ein Mensch, der ein gutes und wertvolles Produkt herstellt, ist selbst wertvoll!« Vorzügliche Weine, Wurst- und Fleischwaren, Käse, Olivenöl, Lederwaren, Möbel und Dekorationsartikel aus Holz werden produziert und im Laden vor dem strengstens überwachten Eingang verkauft (das ganze Areal ist von einem Zaun umgeben, um Drogenschmuggel zu verhindern). Der Rest wird über Spenden finanziert, nur für Mitglieder, die sonst eine

Etwa 120 Schweine werden in San Patrignano pro Jahr geschlachtet – 70 für Küche und Verkauf, 50 für die salumeria, *die Wursterei. Am begehrtesten ist der* culatello, *aus der Oberschale gerollt und wie ein Schinken gereift – 24 Monate im Schnitt, unter täglicher Kontrolle und Pflege: eine edle, teure Delikatesse. Aufgeschnitten daneben eine* salami, *wunderbar gewürzt und luftgetrocknet. Die Schweine gehören zur autochthonen Rasse* Mora romagnolo *– 1986 gab es nur noch einen Eber und zwei Sauen, die bei einem Bauern gefunden und wieder vermehrt wurden.*

WIR PRODUZIEREN NICHT, UM ZU VERKAUFEN, SONDERN UM WERTE ZU SCHAFFEN

Gefängnisstrafe absitzen müssten, zahlt der Staat eine Beihilfe. So ist man unabhängig und kann nach eigenen Vorstellungen arbeiten.

Aufnahme kann jeder finden, nach dem Entzug. Unter der Leitung von bereits länger hier weilenden Tutoren werden die Neuankömmlinge in Zimmergemeinschaften von sechs bis sieben Personen eingegliedert. Sie arbeiten in Gruppen, erlernen alle einen Beruf, um sie für das spätere Leben draußen fit zu machen. Nach einer mittleren Verweildauer von knapp vier Jahren werden sie zunächst von intakten Familien aufgenommen und in ihrem Beruf untergebracht, dabei ständig betreut, ehe sie in die Selbstständigkeit entlassen werden.

Am eindrucksvollsten präsentiert sich die Gemeinde, wenn sie zum Mittagessen zusammenkommt in der *sala di pranzo* – dem Speisezimmer, wie alle betonen, um den familiären Charakter des Unternehmens zu unterstreichen. Im riesigen Saal des modernen Zentralgebäudes hat eine turnusmäßig wechselnde Gruppe (nur die Köche arbeiten selbstverständlich in ihrem Beruf) die Tische mit Stoffdecken und Servietten, Tellern, Gläsern und Besteck vorbereitet. Die »Familie« strömt herein, alle reden durcheinander, ein Gesumme wie im Bienenstock. Alle nehmen Platz. Ein Klatschen, plötzliche Stille – es wird gebetet. Jetzt wird von der Arbeitsgruppe das Menü serviert – *antipasti,* eine Vorspeise also, etwa Schinken und Würste aus der Metzgerei mit eingelegtem Gemüse, dann folgen jeweils zwei Pastagerichte und zwei Hauptgerichte zur Auswahl, Käse, Obst und Dessert. Die klassische italienische Speisefolge. Nicht in Kantinenqualität sondern wie in einem anspruchsvollen Haushalt sorgfältig zubereitet. Dazu wird das Wasser aus der hauseigenen Quelle sowie für jeden ein Glas Wein (natürlich nicht den Alkoholkranken) eingeschenkt. Nur zum Frühstück und am Sonntagmittag herrscht Selbstbedienung, auch abends wird das Essen serviert – ein selbstverständlicher Teil der Therapie: Wer bedient wird, kann sein Selbstwertgefühl entwickeln!

DIE ROMAGNA IST ALTES WEINLAND

In den sanften Hügeln zwischen Apennin und Adria erhielten in römischer Zeit die ausgedienten Legionäre Land – auf ihrem Alterssitz konnten sie Wein, Gemüse und Getreide anbauen, einige Tiere halten. Der Weinbau hat hier also Tradition. Allerdings hat man in den vergangenen Jahrzehnten eher Massenweine aus Trebbiano (weiß) und Sangiovese (rot) erzeugt. Heute besinnt man sich, produziert weniger, aber dafür bessere Qualität. Während der Lese arbeiten bis zu 600 Leute im Weinberg, weitere 50 sorgen für eine rigorose Selektion der Trauben. In dem von den Mitgliedern der Gemeinde ausgebauten und ausgemalten Keller (auch der Leuchter aus Gläsern ist eine Eigenkreation) reifen die Spitzenweine in Barriques, zum Beispiel der Avi, eine Riserva aus reiner Sangiovese und der Montepirolo, eine Cuvée aus Cabernet Sauvignon, Merlot und Cabernet Franc. Was noch fehlt, soll noch kommen: ein Spitzenwein aus der alten romagnoler Sorte Albana.

montepirolo
2003
SanPatrignano

WER SEINE ARBEIT LIEBT UND BEHERRSCHT, GEWINNT VERTRAUEN ZU SICH SELBST

Die Versorgung mit frischer Milch und die Käseherstellung sind in San Patrignano von zentraler Bedeutung. In der latteria *(so heißt ein Betrieb, in dem Käse aus eigener Milch hergestellt wird, im Gegensatz zum* caseificio, *der die Milch ankauft) werden einerseits Käse aus der hier und einem Außenbetrieb im nahen Montefeltro gewonnenen Milch hergestellt, andererseits Käse aus dem Schwesterbetrieb im Trentino gereift. Links im Bild ein dort hergestellter Asiago, ein Almkäse aus Kuhmilch. Im Vordergrund der für die Region klassische Schafskäse, dahinter ein in der* fossa *gereifter Schafskäse, rechts* Folie di Tabacco, *in Tabakblätter gewickelte Kuhkäse.* Fossa *heißt Grube. Tatsächlich werden die Käse vergraben, nachdem sie etwa 100 Tage in der Klimakammer bei 12 bis 13 Grad und 100 % Luftfeuchtigkeit gelagert und täglich gewaschen wurden in einen Sack aus Segeltuch gepackt, und zwar in einer Kalksteinhöhle. Dort reifen sie weitere 100 Tage. Am letzten Sonntag im November werden sie herausgeholt, anlässlich des Festes der Santa Caterina. Anschließend kommen sie bis mindestens Mai in den Reifekeller. »Ihn früher anzuschneiden oder gar in Vakuum zu verpacken, ist eine Sünde!«, sagt Vittorio Beltrami, der berühmte Käseberater der* latteria. *Bereits im 15. Jahrhundert wurde dieses Verfahren entwickelt, um den Käse besonders mürbe zu machen. Früher packte man die Käse zum Schutz zusätzlich in Kräuter, wickelte sie in Nuss- oder Kastanienblätter. Dann kam einer der Muccioli-Söhne, ein leidenschaftlicher Zigarrenraucher, auf die Idee mit den Tabakblättern – mit durchschlagendem Erfolg: Die pikante, auf der Zunge prickelnde, in der Kehle leicht kratzige Note des Tabaks wird den verschiedenen Käsesorten nicht nur in der Grube, sondern auch mitgeteilt, indem man sie in Barriques schichtet. Sie sind der Renner geworden, auch bei Gastronomen beliebt, denn der Käse schmeckt besonders gut zu Schokolade und zu Erdbeeren!*

DAS SYMPOSIUM

Der Name für dieses gastliche Haus in den Hügeln der Marken oberhalb des Metaurotals ist sehr bewusst gewählt. Wer sich hier zum Gastmahl einfindet, soll alle seine Sinne dafür öffnen.

Eine ehrliche Küche, immer im Rhythmus der Natur, das ist Hausherrn Lucio Pompili zentrales Thema. »Die Fähigkeit zum Schmecken«, sagt er, »wird schon in der Kindheit bestimmt!« Und dann legt er erst mal mit einer Philippika gegen die modernen Zeiten los, in denen die Babys nur noch Tüten- und Gläschenfutter kriegen. »Wie sollen sie denn da Geschmack entwickeln?« Und wenn er mit geradezu zärtlichen Worten beschreibt, wie die Mutter dem Kleinkind, sobald es dem Babybrei entwachsen ist, doch eigentlich die Fettuccine liebevoll in kleine Bissen schneiden sollte, jedes Stück mit einer, natürlich selbst gekochten!, Tomatensauce bestreichen, einen kleinen Tropfen bestes Olivenöl oder auch gutes Schweineschmalz daraufsetzen ... und beschwört »das prägt fürs ganze Leben!«, da möchte man Kleinkind in Italien gewesen sein.

Eine ehrliche Küche, das ist es, was Lucio Pompili in seinem eleganten Restaurant Symposium Quattro Stagioni bei Cartoceto seinen Gästen bietet. Allerdings mit höchstem Anspruch, immer mit den bestmöglichen Zutaten, die aufzuspüren der leidenschaftliche Koch und Jäger nicht müde wird. Er ist so stolz auf seine Produkte, dass er die Lieferanten auf

Was Lucio Pompili auch anpackt, er macht es perfekt. Dem Wirt aus Leidenschaft reicht es nicht, den Gästen im Restaurant ein elegantes Ambiente zu bieten – ständig ist er dabei, sein Anwesen zu verschönern innen und außen weiter auszubauen. Alles muss mustergültig sein. Selbst seine Spirituosenvitrine – ein ganzer Raum! – ist kompletter bestückt als ein gutes Fachgeschäft. Und wenn er seinen Park erweitert, dann lässt er gleich ausgewachsene Riesenbäume kommen. Darauf zu warten, bis kleine Bäume groß sind, »so viel Zeit hab' ich nicht mehr,« lacht er. Bald wird er auch Gästezimmer bieten – es versteht sich, dass auch sie vom Feinsten sein werden. Pool und Badehaus im üppig blühenden Garten sind schon fertig.

I

VIERERLEI AMUSE-BOUCHES

Im nach Origamiart gefalteten Papierkästchen hauchdünn gehobelte, in Olivenöl frittierte Kartoffelchips sowie in Teig getauchte, ausgebackene Zucchiniblüten. Daneben auf dem Vorspeisenteller »defragmentierte«, in ihre Bestandteile zerlegte klassische Gerichte aus der Familienküche (im Uhrzeigersinn).

Ziti all'amatriciana (Maccaroni in Specksauce):
8 fingerdicke, gekochte Röhrennudeln (ziti), gefüllt mit Tomatensugo (Seite 74); umkränzt von gerösteten Zwiebelringen und knusprigen Speckstreifchen
Rosmaringeräucherter Thunfisch:
Über Rosmarinnadeln geräuchertes Thunfischfilet, angerichtet auf Eis und Würfeln von frischer Mango
Panna cotta von Sepie auf Frittata von Zucchini:
Winzige Sepie, im Salzwasser pochiert, püriert und mit Gelatine gebunden. Auf einem cremigen Rührei angerichtet, das mit winzigen Zucchiniwürfeln vermischt ist.

Solche Leckerbissen sollen die Zeit bis zum ersten Gang, den Antipasti überbrücken. Die Köche wetteifern darum, wer die größte Vielfalt, die interessanteste Variante, die originellste Idee hat.

seiner Speisekarte aufzählt. Allerdings darf man sich die Gerichte beileibe nicht altbekannt und bodenständig vorstellen. Da werden sehr gezielt moderne Mittel und Methoden eingesetzt. Und es kann passieren, dass die Ziti, in Neapel typische Hochzeitsnudeln, nicht mehr wiederzuerkennen sind (siehe nächste Seite). »Defragmentieren von Gerichten aus der Hausfrauenküche« nennt Pompili das und freut sich diebisch, wenn er den charakteristischen Geschmack auf den Teller zwingt, die traditionsbewussten italienischen Gäste aber über das Aussehen des Tellers staunend den Kopf schütteln.

In die lieblichen Hügel der Weingärten eingebettet liegt das »Symposium« wahrlich paradiesisch und macht seinem Beinamen Quattro Stagioni zu den vier Jahreszeiten alle Ehre. Hausherr Pompili tut auch einiges dafür: Damit genügend Vögel die Gäste mit ihrem Gesang unterhalten, sind überall in den Bäumen Nistkästen angebracht. Dass es sich dabei um die hölzernen Kisten handelt, in denen vormals nur erlesene Weine verpackt waren, ist eine ebenso hübsche wie originelle Idee – und spricht für des Hausherrn ökonomischen Sinn.

2

3

2

SALAT VON AAL UND SCHWEINEBACKE

Was modisch klingt, hat traditionelle Wurzeln: Aal gab's früher reichlich im Fluss, vom Schwein verwertete man alles – heute ist die Backe ein begehrter Leckerbissen.

Für vier Personen:
1 mittelgroßer, zart geräucherter Aal, 300 g Schweinebacke, Salz, Pfeffer, je 2 Hand voll Kräuter- und Salatblätter: Löwenzahn, Zichorie, Romana, Radicchio, Thymian, Origano, Majoran, wilder Fenchel, 3–4 EL Essig, ½ TL scharfer Senf, 4 EL Olivenöl, 1 Tasse Tomatenwürfel

Den Aal häuten, entgräten, in mundgerechte Stücke schneiden. Die Schweinebacke in Scheiben schneiden, langsam in einer beschichteten Pfanne auf beiden Seiten knusprig rösten, dabei salzen und pfeffern. Salat- und Kräuterblätter mit einer Marinade aus Essig, Senf, Öl, Salz und Pfeffer anmachen. Auf Teller verteilen, Aalstücke und Schweinebacke darauf anrichten, die Tomatenwürfel darüberstreuen.

3

TRÜFFELSUPPE

Nach dem berühmten französischen Vorbild, aber mit heimischem Parmesan. Und zu dieser Jahreszeit mit Sommertrüffeln, die in der Region gefunden werden.

Für vier Personen:
¾ l Kapaunbrühe (reichhaltige Geflügelbrühe), 200 g Parmesan, Salz, Pfeffer, Muskat, 1 tennisballgroßer Sommertrüffel, 2 Blätterteigplatten, 1 Ei, 3 EL Milch

Die Brühe aufkochen, den frisch geriebenen Parmesan darin langsam schmelzen. Mit Salz, Pfeffer und Muskat abschmecken.
Den Trüffel in dünne Scheibchen hobeln und in vier feuerfeste Suppenschüsselchen verteilen. Mit der heißen Suppe auffüllen. Die Schüsseln außen unterhalb des Rands mit Eiweiß einpinseln. Den Blätterteig 3 mm dünn ausrollen, als Deckel über die Schüsseln breiten und rundum gut festdrücken. Eigelb und Milch verquirlen, Die Oberfläche damit einpinseln. Bei 200 Grad ca. 15 Minuten goldbraun backen.

4
PASTA MIT WILDSUGO

Breite Bandnudeln, aus einem Rest Polenta hausgemacht, der mit Eiern und Mehl zum Teig geknetet wird. Man kann aber natürlich auch klassische Pasta aus dem Teig des Rezepts von Seite 19 herstellen.

Wildsugo für vier bis sechs Personen:
800 g Wildfleisch (z. B. Rehschulter), 2 EL Olivenöl, 2 Thymianzweige, Salz, Pfeffer, 1 Zwiebel, 3 Knoblauchzehen, 1 kleine Chilischote, Origano, 1 Lorbeerblatt, 1 EL Tomatenmark, 1 kleine Dose Tomaten (Pelati), 1 Glas Rotwein

Das Fleisch würfeln, im heißen Öl kräftig anbraten, dabei Thymianzweige zufügen, salzen und pfeffern. Zwiebel und Knoblauch würfeln und mitbraten, Chili, Origano und Lorbeer zufügen. Schließlich Tomatenmark und die Tomaten samt Saft mitrösten. Ohne Deckel leise eine halbe Stunde schmurgeln lassen, ab und zu einen kleinen Schuss Rotwein angießen. Es soll eine konzentrierte, dichte Sauce entstehen. Breite Nudeln bissfest kochen, mit dem Sugo mischen und mit etwas Pecorino bestreut servieren.

5
CRÈME BRULÉE

Dieses Superdessert liebt man natürlich auch an der Adria – den für diese Zubereitung typischen Mittelmeerduft bekommt es, indem die Sahnemilch mit Rosmarin aromatisiert wird.

Für sechs Personen:
¼ l Milch, ¼ l Sahne, 2 Rosmarinzweige, 4 Eigelb, 2 ganze Eier, 150 g Zucker

Milch und Sahne aufkochen, Rosmarin darin 10 Minuten ziehen lassen. Eigelb und ganze Eier verquirlen und durch ein Sieb streichen. Rosmarin entfernen, die Milch nach Geschmack süßen und mit den Eiern vermischen. In sechs flache Portionsschalen füllen. Im Wasserbad im 120 Grad heißen Ofen 60 Minuten stocken lassen. Die Creme ist fest, wenn sie auf Fingerdruck nicht nachgibt. Im Ofen abkühlen und bis zum nächsten Tag kalt stellen.
Vor dem Servieren mit dem restlichem Zucker bestreuen und mit dem Gasbrenner (oder Grill) karamellisieren.

Keine fünf Kilometer vom »Symposium« entfernt, in Bargni, steht die »Villa Federici«. Der ehemalige Sommersitz von Abt Domenico Federici (ein Berater von Kaiser Leopold I. und sein diplomatischer Statthalter in Venedig) gehört heute der Familie Baldelli, die es zu einem hübschen kleinen Agriturismo umgewandelt hat. Erbaut wurde das Haus mit eigener Kapelle Ende des 17. Jahrhunderts. Es liegt sehr malerisch inmitten sanft geschwungener Hügel und bietet schöne Ausblicke auf den Montefeltro im Norden, das Metaurotal im Süden und den Apennin im Westen. Fünf höchst angenehme Gästezimmer gibt es nun. Und die Küche von Mamma Anna, herzhaft, bodenständig und wahr, wird weithin gerühmt. In der Gegend gibt's viel zu sehen, Urbino ganz nah, auch Pesaro und das Meer sind nicht weit. So empfiehlt sich das Haus wegen seiner traumhaften Ruhe in dem schönen Park mit den alten, seltenen Bäumen und der herzlichen Wirtsleute auch für einen längeren Aufenthalt.

RUHE & MEERBLICK

Isabella Cattalani hat sich einen Traum erfüllt: Ein Landhaus in den Hügeln, keine zehn Kilometer weg vom Meer. Damit sie sich diesen Traum leisten kann, teilt sie ihn mit ihren Gästen.

Immer wieder entdeckt man Beispiele, wie mit wenigen Mitteln viel erreicht wurde: Die Pergola über der Terrasse ist mit weißem Tuch gedeckt. Das ist nicht teuer, schützt und macht ein schönes Licht. Tags, wenn die Sonne heiß vom Himmel brennt, werden die herabhängenden Schals entknotet und wie Vorhänge zugezogen. Der Pool ist Richtung Osten angelegt, so schwimmt man ständig mit dem Blau der Adria im Blick. Auch er ist, wie die gesamte Anlage, eine architektonische Besonderheit!

Das Haus war nur noch ein Haufen Geröll. Doch die Lage war phantastisch: Am Ende einer strada bianca, einer Schotterstraße, inmitten von Feldern und Rebgärten stand ein Stück Land zum Verkauf. Mit überirdisch schönem Blick aufs Meer. Isabella Cattalani, hier in der Nähe aufgewachsen und nach einem halben Arbeitsleben als Pflegerin im Tessin zurückgekehrt, verliebte sich sofort in das Anwesen. Ein befreundeter Architekt übernahm mit Schweizer Akribie die Restaurierung. Heute ist La Breccia (italienisch für Geröll) ein schmuckes Landhaus, Agriturismo nennt man das in Italien, selbst wenn keine Landwirtschaft dazugehört. Was vom alten Gemäuer übrig war, wurde sensibel erhalten und wo nötig ganz modern ergänzt. So ist ein architektoni-

sches Juwel entstanden. Die fünf Gästezimmer sind nicht nur angenehm praktisch und funktional, sondern überaus geschmackvoll eingerichtet. Mit schönen Materialien, guten Möbelstücken, feinster Wäsche. Ein opulentes Frühstück mit vorzüglichen, hausgemachten Marmeladen gehört dazu. Fürs Abendessen kann die Hausherrin Tipps für lohnenswerte Ziele in der Umgebung geben. Aber manchmal stellt sie sich auch selbst an den Herd und dann gibt's, beispielsweise, die Artischocken aus dem Garten: roh mit Olivenöl als Pinzimonio und anschließend gebraten und mit Pasta vermischt – köstlich!

BEI MARIA IN FANO

Der hübsche, beschauliche Ort ist von einer noch intakten Mauer umschlossen, auf der man hoch oben am Meer entlangspazieren kann. Marias Lokal liegt jedoch außerhalb davon.

Direkt an der Hauptstraße, die auf das obere Stadttor zuführt, dort, wo der Verkehr am heftigsten tobt und man kaum halten kann, ohne dass man umgefahren wird, dort ist es: ein schmales Vorstadthaus mit unscheinbarem, staubbedecktem Eingang, den man nur deshalb zu benutzen wagt, weil das Schild »Da Maria«, mit den einzeln untereinander gesetzten, nach Art der Fünfzigerjahre tanzenden Buchstaben genau darauf hindeutet. Ein blassgrün gestrichener Raum dahinter, dessen karger Schmuck einige bizarr geformte Muranolampen sind, und ein mit kuriosem Nippes vollgestellter Bartresen. Niemand da, Geschirrklappern. Endlich lugt Maria um die Ecke: Das muss sie sein, mit der weißen Schürze, an der sie sich die Hände abtrocknet.
»Nur Fisch!«, sagt sie. Ihr prüfender Blick ist streng, als ob sie sich vorbehält, die neuen Gäste bei Nichtgefallen wieder wegzuschicken. Wenn ein Lächeln ihre Züge glättet, führt sie sie auf die Terrasse.

20 Kilometer feiner Sandstrand erstrecken sich rund um Fano, mit vorbildlicher Wasserqualität und den in fast allen Gegenden Italiens üblichen stabilmenti balneare, *den fest installierten Badeanstalten mit Umkleidekabinen, Sonnenliegen und Sonnenschirmen. Dafür zahlt man Eintritt und nicht zu knapp. Und in den Hochsaisonmonaten Juli und August muss man sich rechtzeitig darum kümmern. Ein ordentliches Trinkgeld hilft!*

Welch ein Gegensatz zu dem tristen Raum: Vollständig von Ranken überwuchert, die die Sonnenstrahlen zu mildem, heimeligem Licht filtern. Mit wildem Blumenmuster gedeckte Tische, eine geradezu unwirkliche Atmosphäre. Man hat kaum Platz genommen, schon stellt Tochter Domenica eine Platte mit Crostini auf den Tisch, Wasser sowie den lokalen Wein, auch in einer Karaffe. »Nur Fisch!«, sagt sie bestimmt und schließt damit jede Wahlmöglichkeit aus. Es wäre auch dumm, denn wo bekommt man ihn schon so frisch, so köstlich! Maria bezieht ihn direkt vom Fischer und hat für jede Sorte ihren eigenen Lieferanten: Die Sepie und Oktopusse bringt Ivan, Enrico Seezungen oder Steinbutt. Ansonsten macht sie alles selbst: »Fünf Zentner Tomaten haben wir neulich eingemacht!«, stöhnt Domenica und wischt sich jetzt noch die imaginären Schweißtropfen von der Stirn. Etwas davon ist in unserem Brodetto, und wir stellen fest: Die Mühe hat sich gelohnt!

1

GROSSE FISCHPLATTE

»*Solo pesce!*«, hatte Mutter Maria am Telefon gewarnt, es gibt nur Fisch! Und dann erscheint eine gewaltige Platte. *Al vapore* zubereitet, heißt es, »gedämpft«. Doch die Fische sind in Salzwasser gekocht. Sprudelnd, was ihnen, die vor wenigen Stunden aus dem Meer gezogen wurden, nicht schadet, im Gegenteil: Ihr festes Fleisch wird dadurch zart! Von links: Streifen von Kalmaren, Heuschreckenkrebse *(cannochie)*, kleine Seezungen, burati, die es nur Ende Mai/Anfang Juni gibt, ein Knurrhahn *(capone*, hier *mazzola* genannt) und Streifenbrassen *(mormore* — »die ersten dieses Jahres!«, strahlt Domenica). Gewürzt mit gehackter Petersilie, Zitronensaft und Olivenöl.

2

POLENTA MIT VONGOLE

Cremig weich, weil mit mehr Wasser als sonst gekocht. Und mit mehr Biss und Geschmack, weil aus grobem, mit der Steinmühle gemahlenem Maismehl. Dazu Tomatensugo mit ausgelösten Vongole (Teppichmuscheln).

Für vier bis sechs Personen:
½ l Wasser, ½ TL Salz, 4 EL Olivenöl, 70 g Maisgrieß, 3 Knoblauchzehen, etwas Petersilie, 1 kg Vongole, 1 Glas Weißwein, 1–2 Tassen frisches Tomatenpüree, Pfeffer

Für die Polenta Wasser mit Salz und 2 EL Olivenöl aufkochen, den Grieß hineinrieseln lassen und unter stetem Rühren zu einem weichen Brei kochen.
Für den Sugo gehackten Knoblauch im restlichen Öl andünsten, Petersilie zufügen, auch die gut gewaschenen Muscheln. Den Wein angießen und zugedeckt zwei bis fünf Minuten kochen, dabei immer wieder am Topf rütteln. Etwas abkühlen, die Muscheln auslösen. Das Tomatenpüree mit dem Muschelsud aufkochen, mit Salz und Pfeffer würzen. Schließlich das Fleisch der Vongole unterrühren. Die Polenta in tiefen Tellern anrichten, vom Sugo darüberschöpfen und verteilen.

1

3

FISCHTOPF

Ist rund um die Adria Spezialität, je nach Region nennt man ihn hier Guazzetto, dort Brodetto – und immer sieht er ein wenig anders aus (siehe auch Seite 202).

Für sechs Personen:
1 Zwiebel, 3 EL Olivenöl, 3–4 Knoblauchzehen, 1–2 frische (notfalls auch getrocknete) Chilischoten, ca. ¾ l eingemachte Tomaten (frisches Tomatenpüree), eine Handvoll Cocktailtomaten, ca. 1 kg kleine frische Fische (hier zum Beispiel: kleine Seezungen, Meerälchen, Knurrhähne, Garnelen, sogar ein Seeteufel ist dabei), Salz, Pfeffer

Einen so genannten Soffritto ansetzen: Zwiebel im Olivenöl andünsten, Knoblauch zufügen und die Chilis, alles sehr fein gehackt. Tomatenfleisch zufügen und eine Weile köcheln. Salzen, pfeffern, kräftig abschmecken. Die gewaschenen, geputzten Fische in diesem Sud wenige Minuten ziehen lassen.

4

MEERESSCHNECKEN IN TOMATE

Bombolline heißen die kleinen, runden Meeresschnecken; die großen mit den spitzen Zacken nennt man *Murice*. Sie werden miteinander in einer mit viel wildem Fenchel gewürzten Tomatensauce gekocht. Dann lässt sich das Fleisch mit einem Zahnstocher herauszupfen.

Für vier bis sechs Personen:
Soffritto wie oben, 3–4 große, reife Tomaten, 1 Glas Wein, Salz, Pfeffer, 1–2 kg Meeresschnecken

Den Soffritto wie im Rezept für den Fischtopf beschrieben ansetzen. Tomaten häuten, entkernen, grob hacken und mitdünsten. Mit Wein ablöschen, einige Minuten köcheln und würzen. Die Schnecken (gründlich unter fließendem Wasser waschen) zufügen. Zugedeckt 10 Minuten leise köcheln.

DIE FABELHAFTE KÜCHE VON MARIA UND DOMENICA

1

2

4

3

5

5

TORTA MARGHERITA

Ein duftiger Rührkuchen, gewürzt mit Maraschino und mit, wie Domenica verrät, *una bella grattugiata di limone*, mit einem hübschen Abrieb von Zitrone.

Für eine Springform von 24 cm Durchmesser:
250 g Butter, 250 g Zucker, 8 Eier, 1 Zitrone, 3 EL Maraschino oder Zitronenlikör, 250 g Mehl, 1 gehäufter TL Backpulver, Mehl und Butter für die Form

Die Springform ausbuttern. Butter, Zucker und Eier zu einer dicken Creme schlagen, abgeriebene Zitronenschale, Zitronensaft und Maraschino (Kirschlikör aus Zadar oder Limoncino) unterrühren. Rasch Mehl und Backpulver einarbeiten. In die Form füllen. Bei 200 Grad (Ober- und Unterhitze) etwa 10 Minuten an-, bei 180 Grad 30 bis 35 Minuten fertig backen.

WEINE DER MARKEN

Sie stehen im Schatten der toskanischen Weine – aber nicht mehr lange: Die Qualität wird immer besser und die Preise sind noch günstig. Im Weingut Santa Barbara ist man auf der Höhe der Zeit!

Der bekannteste Wein der Marken ist der *Verdicchio dei Castelli di Jesi* – im Regelfall ein frischer, jung zu trinkender Weißwein, der prima zu Fischgerichten passt. Die Rebsorte Verdicchio bringt nur hier in den Hügeln um die Stadt Jesi (Geburtsort des Staufers Friedrich II.) gute Ergebnisse, anderswo auf der Welt gedeiht sie nicht. Diese Chance hat man hier erkannt!

Der dynamische Stefano Antonucci, einst erfolgreicher Banker, verzichtete zugunsten des von seinem Vater gegründeten Betriebes auf diesen Beruf und widmet sich voll und ganz dem Wein: 600 000 Flaschen werden heute von Santa Barbara erzeugt! Er wusste gleich, dass der früher übliche, sehr einfache Verdicchio für einen erfolgreichen Export keine Zukunft haben wird. Bessere Qualität verlangt aber höhere Preise, die der Markt vor einigen Jahren noch nicht hergab. Also setzte Stefano darauf, sich mit anderen Weinen einen Ruf zu schaffen, um auch einen modernen, bestens gemachten Verdicchio, der weiterhin die Basis des Sortiments bildet, verkaufen zu können. Die Strategie ging auf: Mit zwei in Barriquefässern ausgebauten, dichten und fast an Burgunder erinnernden Weinen erregte er Aufsehen – den besten zeichnet er mit seinem Namen. Hinzu kam sein Engagement für die traditionelle Rotweinsorte, den Montepulciano. Hier gelang ihm, ebenfalls durch den Einsatz von Barriques, mit dem *Maschio da Monte* ein grandioser Erfolg, den er mit dem *Pathos* fortsetzte, einer Cuvée aus Merlot, Cabernet Sauvignon und Syrah zu gleichen Teilen: Ein Wein der Emotionen!

Das Weingut Santa Barbara ist zu großen Teilen im ehemaligen Kloster untergebracht, von dem es auch den Namen übernahm. Hier lagern die Eichenfässer für die Spitzenweine. Der normale Verdicchio dei Castelli di Jesi wird in die typischen, amphorenartigen Flaschen abgefüllt, die im Barrique ausgebauten Le Vaglie *und* Classico Stefano Antonucci *in Burgunderflaschen. 40 Hektar eigene Weinberge liefern die hervorragenden Qualitäten, doch werden auch Trauben von Weinbauern zugekauft. Um das schnelle Wachstum des Betriebes zu verkraften, suchte Stefano (Bild) einen Partner für den Vertrieb und fand ihn in Silvio Brocani (siehe Seite 60). Rund 120 Tage nach der Blüte im Mai (Bild Mitte) beginnt Mitte September die Lese, die oft erst im November endet.*

SENIGALLIA

Es ist einer der elegantesten Badeorte an der Adria: Sandstrand, Hotels und Restaurants sind vom Feinsten. Aber auch die Stadt selbst hat Tradition, ist wunderschön und quicklebendig!

La Rotonda, der Kuppelsaal auf der Seebrücke, leuchtet schneeweiß im blauen Meer – das hier übrigens regelmäßig wegen absoluter Sauberkeit und bester Wasserqualität prämiert wird. Gepflegte Badeanstalten locken mit Liegen und Sonnenschirmen und mit Service! Erstklassige Hotels, wie das überaus angenehme, perfekt renovierte »Terrazza Marconi« am Lungomare *(rechts), sogar solche direkt am Strand (unten) – in Senigallia ist alles da, was das Badeleben reizvoll macht.*

Senigallia ist ein gehobener Ferienort, bereits seit mehr als hundertfünfzig Jahren – so viel Tradition prägt. Wenn auch von den Gebäuden aus dieser Zeit am Lungomare nicht mehr viel geblieben ist. Nur wenige prachtvolle Gründerzeit- und Jugendstilpalazzi stehen noch. Aber die 13 Kilometer Strand, die *spiaggia di velluto*, die sich auf beiden Seiten der Stadt erstrecken, mit ihrem buchstäblich seidig-samtenen Sand, garantieren volle Häuser während der Saison – die übrigens für die Italiener ja stets klar bemessen ist: Nie vor Mitte, lieber Ende Juni bis Ende August, allenfalls Anfang September. Das ist für uns Nordländer sehr angenehm: Davor und danach ist das Wetter ebenfalls sehr schön, man kann durchaus schon (noch) im Meer baden. Dann sind Unterkünfte frei, und am Strand ist der Trubel nicht so lästig.

Als *Sena gallica* ist Senigallia bereits von den Kelten (Galliern) gegründet worden. Seit dem 3. Jahrhundert v. Chr. war es römische Kolonie, eine der ältesten an der Adria. Zwischen dem 6. und 8. Jahrhundert gehörte es zu Byzanz. Mit dem Hafen gewann der Ort im Mittelalter an Bedeutung. Wovon noch heute

die schönsten Gebäude der Stadt zeugen, die Paläste an der Piazza del Duca sowie die Rocca Roveresca, eine mächtige Festung mit vier gewaltigen Bastionen, im 15. Jahrhundert unter der Herrschaft der Herren Della Rovere erbaut: das Wahrzeichen der Stadt. Senigallia ist ein heiteres, lebendiges Städtchen, mit eleganten Läden und Galerien, die das Flanieren und Shoppen zum Vergnügen machen, mit Cafés und Bars zum Verweilen. Junge Leute bestimmen das Bild. Eindrucksvoll die ebenmäßige Arkadenfassade der *Via Portici Ercolani* entlang dem rechten Ufer des Misaflusses. Sie mündet in den *Foro Annonario*, ein beeindruckender, fast rund angelegter, symmetrischer Platz, dessen Arkaden von dorischen Backsteinsäulen getragen werden. Wohl proportionierte, streng klassizistische Architektur – und dennoch voller Leben: Hier ist täglich Markt, an Samstagen gleich dreimal üppig beschickt und besonders quirlig. Dann steht auch der *Porchetta*-Mann mit seinem Wagen gleich vorn am Eck, mit seiner Spezialität frisch aus dem Holzkohlenofen (Bild ganz links unten): *Porchetta* ist ein völlig ausgebeintes Spanferkel, mit Kräutern, vor allem reichlich Rosmarin, und händevollweise mit Knoblauch gefüllt, rundum mit grobem Meersalz kräftig eingerieben und dann gebacken, bis die Haut rösch und das Fleisch zart und saftig ist und verführerisch nach den Gewürzen duftet. Am besten isst man's gleich vor Ort, in einer Semmel aus der Hand.

MEERESDUFT UND MEERES-FARBEN: BEI DEN ULIASSI

I

SCAMPO ZEN

Klingt nicht nur nach Zen, sieht auch so aus: Zitronen-, Tee- und Himbeerpulver kunstvoll wie mit dem Rechen gekämmt, Häufchen von akkurat gewürfelter Ananas, Gurke und Zucchiniblüte. Der von Citrusschaum gekrönte Scampo in der Mitte ist in rosenduftendes Gelee gehüllt.

Für vier bis sechs Personen:
8–12 ausgelöste Scampischwänze, ¼ l Sake, 2 EL Rosenwasser, 4 Blatt Gelatine, 1 Limone

Die Scampi entdarmen und auf Holzspießchen fädeln. Sake mit Rosenwasser aufkochen, die eingeweichte Gelatine darin auflösen. Gut salzen und mit etwas Limonensaft würzen. Scampi einzeln kurz in die heiße Flüssigkeit tauchen, an der Luft abgekühlt, erstarrt das Gelee wie eine Haut. Sofort mit etwas Limonenschale würzen und endgültig abkühlen lassen.

I

Am nördlichen Ende der Strandpromenade Senigallias, mit den Füßen sozusagen im Sand, eine kühne Holzkonstruktion, die an ein Schiff erinnert: das Restaurant »Uliassi«. Moderne, klare Formen, in den Meeresfarben blau und weiß, heitere, fröhliche Atmosphäre. Das liegt auch an der warmherzigen Art der Geschwister Uliassi, die den Laden gemeinsam führen.
Mauro regiert in der Küche; dabei wollte er ursprünglich mit Gastronomie nichts zu tun haben, die Eltern betrieben eine Tagesbar. Erst nach einem abgebrochenen Technikstudium hatte er sich dem Gastgewerbe zugewandt, zögerlich zuerst, dann Feuer gefangen und sich dann mit all seiner Intelligenz, Leidenschaft und mit innovativer Kraft in das Metier gestürzt. Zusammen mit seiner Schwester Catia – sie kümmert sich um Saal und Gäste – hat er nach und nach das Lokal aufgebaut.
Es ist die große kulinarische Oper, die hier abläuft, mit abgehobenen Ideen und allerhöchstem Anspruch an die Produkte, die aber, anders als sonst in der molekularen Experimentalküche, nie vergewaltigt oder bis zur Unkenntlichkeit verändert werden. Immer ist die Lust am Geschmack der Antrieb, und stets bleiben die Wurzeln der regionalen Küche spürbar, wird damit gespielt. Wie ein Seiltänzer hält Mauro mit seinen Kreationen sicher, geradezu schwerelos, die Balance zwischen Experiment und Tradition. Raffiniert, essentiell, aber eben *»italianissimo«* beschreibt der Restaurantführer Gambero Rosso diese Gratwanderung.
Zur ebenso steten wie steilen Entwicklung der Geschwister Uliassi und ihres Restaurants mag auch der Wettbewerb beigetragen haben: Konkurrenz belebt das Geschäft, in Senigallia ist der Beweis, dass dieser Sinnspruch wirklich zutrifft, zu beobachten. Am anderen Ende der Stadt, im südlichen Vorort Marzocco, betreibt Moreno Cedroni mit seiner Frau Mariella das Restaurant »Madonnina del Pescatore«. Das elegante, cool designte Lokal verdankt den Namen der kitschig schönen Marienstatue, die am Strand vor dem Haus die Fischer beschützt.

2

2
PANZANELLA

Das berühmte toskanische Rezept für den Salat aus altbackenem Brot, neu interpretiert: Fein gehackt und mit frittierten Streifen vom Stockfisch auf Linien von schwarzen Oliven, roten und grünen Paprika angerichtet.

Für vier Personen:
4–6 Scheiben italienisches Weißbrot vom Vortag, 2–3 Tomaten, Basilikum, je 2 EL feinst gewürfelte Zwiebel und Knoblauch, je 4 EL ebenfalls sehr fein gewürfelte grüne und rote Paprika, Salz, Pfeffer, 3–4 EL Rotweinessig, 3 EL Olivenöl

Weißbrot in einer Schüssel mit diesen Zutaten bedecken und einweichen: Gehäutete, gewürfelte Tomaten (Kerne und Strunk entfernen), mit Basilikum in feinen Streifen, Zwiebeln und Knoblauch sowie Paprikawürfeln vermischt; mit Salz, Pfeffer, Essig und Olivenöl gewürzt. Nach einigen Stunden alles auf einem Arbeitsbrett mit dem Messer hackend mischen. In einem Sieb abtropfen lassen.
Dann mit Stockfischstreifen garnieren, die nach gründlichem Einweichen gewürzt, in Mehl gewendet und in Olivenöl ausgebacken wurden. Für die Linien rote und grüne Paprika mit Essig und Olivenöl weich kochen, pürieren und durch ein Sieb streichen. Schwarze Oliven mixen, mit Olivenöl verdünnen.

3

SCAMPI MIT FENCHEL

Ein längs aufgeschnittener Scampo, bedeckt mit einem kleinen Ragout aus Fenchel, luftgetrockneter Schweinebacke und jungen Kalmaren. Eine verblüffende, sommerleichte Kombination!

<u>Für vier Personen:</u>
4 große Scampi, 4 hauchdünne Scheiben luftgetrockneter Schweinebacke (notfalls Bauchspeck), 6–8 kleine Calamaretti (sehr kleine Kalmare), 1 Fenchelknolle, 2–3 EL Olivenöl, Salz, Pfeffer, 2 cl Kalbs- oder Fischfond, 3 EL Weißwein, 1 Spritzer Pernod

Die Scampi längs halbieren. Die Speckscheiben in der sehr heißen Pfanne kurz braten, sie sollen eben ihr Fett abgeben und nur zart bräunen. Herausnehmen, beiseitestellen. Die Calamaretti putzen, in Quadrate schneiden, im Speckfett rasch anbraten, salzen und pfeffern. Ebenfalls beiseitestellen. Den in Streifen geschnittenen Fenchel im selben Fett anbraten, dabei Olivenöl zufügen. Kalbsfond angießen, nach und nach den Wein, schließlich den Pernod. Immer wieder einkochen, damit der Fond schön cremig wird. Die Scampi mit der Schnittfläche nach oben auf einer mit Olivenöl eingepinselten Plancha (oder Pfanne) anbraten. Salzen, pfeffern, dann Speck, Calamaretti und Fenchel mit fein geschnittenem Fenchelgrün mischen und obenauf verteilen. Noch kurz ziehen lassen und schließlich servieren.

Silvio Brocani, studierter Gynäkologe, übt seinen Beruf seit mehr als 20 Jahren nicht mehr aus, sondern widmet sich dem Wein. Zuerst nur als Händler, heute zusätzlich als Partner von Stefano Antonucci im Weingut Santa Barbara (Seite 52/53). Wie's dazu kam? Er schmunzelt: Vermutlich großväterliches Erbe. Der hatte in Paris als Koch gearbeitet und ihn das feine Schmecken gelehrt. Zum Kochen fehlte dem Enkel das Talent. Aber Genießen und Essen kann er, und vom Wein versteht er eine Menge!

4

PASTA MIT MEERESFRÜCHTEN

Bissfeste Spaghetti mit einem Ragout aus ausgelösten Vongole, Heuschreckenkrebsen, Scampi und Garnelen, in einem leichten Tomatensugo gedünstet.

<u>Für vier Personen:</u>
1 kg Vongole, 3 EL Olivenöl, je 1 EL gehackter Knoblauch und Petersilie, 4 EL Weißwein, 2 Tomaten, 4–6 Scampi, 6 Garnelen, 4 Heuschreckenkrebse, Salz, 350 g Spaghetti

Vongole ins heiße Öl geben, Knoblauch und Petersilie dazu. Weißwein angießen, zugedeckt zwei Minuten heftig kochen. Muscheln auslösen. Im Sud gewürfelte Tomate aufkochen, die übrigen Meeresfrüchte dazu, salzen und pfeffern. Mit den Spaghetti mischen.

3

5

SEPIE AUF SCHWARZER PASTA

Schneeweiße Stücke von sehr heiß gebratener Sepia thronen auf einem Nest von rabenschwarzen, dicken Spaghetti, rote Tomätchen sorgen für Frische und Farbe.

Für vier Personen:
Ca. 500 g kleine Sepie, 3 EL Olivenöl, Salz, Pfeffer, je 2 EL gehackter Knoblauch und Petersilie, 500 g Vongole, 500 g Cocktailtomaten, 350 g schwarze, dicke Spaghetti, Basilikum, Pecorino

Tintenfische putzen, waschen, gut trocknen, in Stücke schneiden. Im sehr heißen Olivenöl braten, salzen und pfeffern. Herausnehmen, beiseitestellen. Knoblauch und Petersilie ins heiße Öl geben, dann die Vongole. Zugedeckt zwei Minuten heftig kochen, herausfischen und auslösen. Halbierte Tomaten in den jetzt entstandenen Sud geben, aufkochen. Bissfeste Pasta untermischen, Muschelfleisch, Sepie, in Streifen geschnittenes Basilikum zufügen. Auf Teller verteilen, mit fein geriebenem Pecorino bestreuen.

4

5

5

SPAGHETTI MIT GRÜNEM SPARGEL UND MEERESFRÜCHTEN

Die frühlingsgrüne Variante des unerschöpflichen Themas. Der Spargel kommt im Meeresfrüchteragout in Stücken vor und umrahmt die Pasta als gemüsige Sauce.

<u>Für vier Personen:</u>
500 g grüner Spargel, 1 junge Zwiebel, 2 Knoblauchzehen, 5 EL Olivenöl, 500 g Meeresfrüchte (Vongole, Garnelen, kleine Kalamare, Sepie), Salz, Pfeffer, ½ Glas Weißwein, 1 Tasse Tomatenfleisch, Basilikum, Zitrone, 350 g Spaghetti

Spargel putzen, Spitzen abschneiden, die Stangen schälen und in Salzwasser weich kochen. Im Mixer glatt pürieren, 2 EL Olivenöl mitmixen, mit Salz und Pfeffer abschmecken. Feingewürfelte Zwiebel und Knoblauch im restlichen Öl andünsten, Spargelspitzen sowie die Meeresfrüchte (gewaschen, geputzt, ausgelöst) mitbraten, nach und nach den Wein angießen, immer wieder verkochen lassen. Schließlich Tomaten dazu, mit Salz, Pfeffer, Zitronensaft, -schale sowie fein geschnittenem Basilikum würzen. Bissfest gekochte Spaghetti untermischen. Auf Teller verteilen, mit Spargelsauce dekorativ umklecksen.

6

ANANAS MIT APFEL-CHILI-EIS

Diese Kombination klingt schräg, sie fügt sich aber absolut harmonisch zusammen. Sehr interessant ist auch die lauwarme, mit Couscous-Grieß gebundene Apfel-Chili-Sauce.

<u>Für vier bis sechs Personen:</u>
1 kleine, aromatische Ananas, 120 g Zucker, ⅛ l Wasser, 2 grüne Peperoncini oder Thai-Chilis, 3 grüne Äpfel, Zitronensaft, 1 EL Couscous-Grieß

Ananas schälen, alle schwarzen Augen herausschneiden, die Frucht vierteln und schließlich in Scheiben schneiden. Zucker und Wasser aufkochen. Chilis entkernen, fein würfeln. Etwas davon zum Sirup geben. Die Ananasscheiben mit wenigen Esslöffeln davon marinieren.

Für das Eis entkernte, aber ungeschälte Äpfel sowie Chilis mit restlichem Sirup glatt mixen und in der Eismaschine gefrieren. Zum Servieren die Ananas auf Teller verteilen, den Saft mit Couscous-Grieß aufkochen und quellen lassen. Lauwarm über die Ananasscheiben gießen. Das Apfel-Chili-Eis zu Kugeln portinieren und obenauf setzen.

PORTONOVO

Der Monte Conero schiebt sich wuchtig mitten in die sonst flachen Strände der märkischen Adria hinein, steil fällt seine Flanke hinab zum Meer. Versteckt liegt hier ein kleines Paradies.

Der Fuß des Monte Conero ist weder von Norden noch von Süden passierbar. An einer Stelle jedoch schwingt er sanft aus, wird flach und formt die Bucht von Portonovo. Ein traumhaftes Plätzchen! Eine gut ausgebaute Straße windet sich steil hinab und endet in lauter kleinen Gässchen, die in der Hochsaison vollkommen zugeparkt sind – hier ist ein beliebtes Ausflugsziel mit Hotels und bemerkenswerter Gastronomie.

Am frei zugänglichen (in Italien selten!), kieselsteinigen Strand tummeln sich die Leute. Sie haben sich etwas zu essen mitgebracht. Wer speisen will, begibt

Blau wie im Bilderbuch leuchtet die Adria, blickt man vom Monte Conero hinunter auf Portonovo. An der Spitze der Landzunge steht das von Napoleon errichtete Fort, heute ein angenehm ausgestattetes Hotel, in dem man auf nichts verzichten muss. Nebenan der frei zugängliche Kiesstrand, wo sich Hunderte von Menschen tummeln – an Sonn- und Feiertagen liegen die Menschen hier wie die Ölsardinen. Das Wasser allerdings ist von vorzüglicher Qualität und natürlich nicht, wie sonst an der italienischen Adria, von aufgewirbeltem Sand getrübt. Versteckt hinter Macchiagebüsch direkt am Strand die supercoole »Suscibar Clandestino« vom Zwei-Sterne-Koch Moreno Cedroni, die vielleicht bald die »Sansibar« Italiens sein wird, wenn der Andrang anhält!

sich in eines der Hotels (siehe übernächste Seite) oder aber ins Strandbad. Wie das? Eine typisch italienische Geschichte! Was vor fast 50 Jahren hier als Strandbad angefangen hatte, entwickelte sich im Laufe der Zeit immer mehr zum Restaurant. Die hölzernen Badekabinen, die gleich neben dem sorgfältig für die Gäste des Hauses reservierten Parkplatz stehen, sind hoch begehrt und zur Hauptsaison für Jahre im Voraus vergeben. Die Männer der Familie Giacchetti waren Fischer, die Frauen verdienten sich mit einer einfachen Imbissbude etwas dazu. Da kam man auf die Idee, einen Teil der gefangenen Fische gleich an Ort und Stelle zuzubereiten – es entstand eine kleine Trattoria. Heute ist das Holzgebäude ein ausgepichtes Fischrestaurant, bestens ausgestattet, schön eingerichtet, mit klimatisierten Räumen. Und die Bude brummt: Rund 200 Menschen können hier genüsslich speisen! Abends wird im Sommer auf der Terrasse serviert, die tagsüber, wenn heiß die Sonne brennt, den Liegestühlen der Badegäste zur Verfügung steht. Mehrfachnutzung nennt man das …

Anfang Juni, wenn für die Italiener das Meer mit 22 Grad noch viel zu kalt ist, um zu baden, die Saison also noch nicht begonnen hat, kann man idyllische Plätzchen am Meer genießen. Von Mitte Juli bis Mitte August aber leeren sich die Städte und an den Stränden wird es eng und laut – was uns eher abschreckt, lieben die meisten unserer südländischen Nachbarn! Ein einsamer Strand ist für sie nichts als ungezähmte, befremdliche, ja Angst einflößende Natur, die erst dann angenehme, nämlich menschliche Züge bekommt, wenn sie dicht bevölkert ist.

Im Restaurant »Da Giacchetti« kann man, ganz nach Belieben, im klimatisierten Saal oder (abends) auf der Terrasse speisen. Die Plätze sind begehrt und man sollte nie versuchen, hier ohne Voranmeldung einen Platz zu ergattern – Reservierung ist unbedingt angesagt! Denn das Essen ist ebenso preiswert wie vorzüglich. Es werden nur ganz frische Zutaten verwendet, Fisch ausschließlich aus eigenem Fang oder von Freunden, nichts wird über den anonymen Markt besorgt. Die warmen Gerichte werden immer erst dann gekocht, wenn sie bestellt wurden, die marinierten Fische jeden Tag frisch vorbereitet und eingelegt, nicht aus dem großen Eimer der Industrie geholt – wie fast überall die essigsauren Anchovisfilets, alici marinati. *Hier sind sie zartsauer, werden mit eingelegtem Meerfenchel serviert (Bild rechts). »Da Giacchetti« bietet keine raffinierte Küche, man setzt voll und ganz auf die vorzüglichen Zutaten und belässt alles so natürlich wie möglich: Muscheln aller Art werden mit Knoblauch und Petersilie in Olivenöl extra vergine (vorzugsweise aus Sizilien oder dem märkischen Cartoceto) angesetzt, öffnen sich, entlassen das in ihnen enthaltene Meerwasser, es entsteht ein würziger kleiner Sud, der nur noch gepfeffert und minimal nachgesalzen wird – das Ganze dauert keine drei Minuten, aber besser kann man nicht speisen! Gekochte Artischockenherzen mit überbackenen Tomaten (oben Mitte – bestreut mit Petersilie und geknofelten Semmelbröseln, nur mit Olivenöl beträufelt) und gekochte Heuschreckenkrebse* (cannocchie, *links) werden nur mit Zitronensaft und frischem, rohem Olivenöl gewürzt. Die in einem ganz leichten Weinteig ausgebackenen* seppie *(Tintenfische) und* neonati *(Fischbrut) sind saftig und sind doch zwischen den Zähnen knusprig. Dazu gibt es eine moderat kalkulierte Weinkarte, eine vorzügliche Auswahl aller guter Verdicchio dei Castelli di Jesi!*

HOTELS ZUM TRÄUMEN

Der Monte Conero zeigt ganz unterschiedliche Facetten. Auf dem kargen Boden seines Gipfels lässt der gelbe Ginster seine Fahnen über den Naturpark wehen. An den östlichen, dem Apennin zulaufenden Hängen wird die rote Montepulciano-Rebe für den Rosso Conero angebaut. Auf dem nördlichen Ausläufer sitzt auf einem, den natürlichen Hafen schützenden Bogen Ancona, von Griechen im 4. Jahrhundert vor Christi gegründet (griech. *agkon* = Ellenbogen). Als freie Seerepublik und Handelshafen trotzte es Venedig, wurde inzwischen zum wichtigsten Fährhafen der Adria nach Kroatien, Albanien und Griechenland. Und am südlichen Abhang liegt, wie auf einem Balkon, das malerische Sirolo über dem Meer – ein beliebter Ort für Hochzeiten, auch zieht er seit jeher Poeten und Maler in seinen Bann.

Napoleon ersetzte den alten Wachturm – der heute noch, wie hunderte weitere, absurderweise ungenutzt vom Militär in Besitz gehalten wird – durch ein kleines, aber gut ausgerüstetes Fort, das inzwischen zu einem Hotel umgewidmet wurde. Die Zimmer in den ehemaligen Kasematten sind winzig, aber angenehm eingerichtet. Und die Lage unmittelbar am brandenden Meer entschädigt dafür, sie ist einfach sensationell! Zwar gibt es keinen Sandstrand, sondern nur Kies – aber dafür ist das Wasser klar und leuchtet blau. Und das Hotelareal bietet mannigfach Möglichkeiten, Ruhe zu finden, im Pool zu schwimmen oder Sport zu treiben. Ein typisch italienisches Haus: einerseits Hideaway, andererseits weitläufige Restaurants, Terrassen für Hochzeitsfeiern und Empfänge … Ein paar Schritte weiter liegen in gehnaher Entfernung das »Giacchetti« und die »Suscibar«.

Oben, hoch auf dem Monte Conero, ein anderes Juwel, das Hotel »Emilia«. Strahlend weiß liegt es in der gepflegten, leuchtend grünen Anlage mit dem großen Pool. Von hier hat man einen sensationellen Blick hinunter auf Portonovo – siehe Seite 66! Die Zimmer sind groß, die schönsten gehen über zwei Etagen, sind geschmackvoll und mit besten Materialien eingerichtet, manche verfügen sogar über einen Kamin, falls man in der Vor- oder Nachsaison mal frösteln sollte. Der Besitzer liebt Musik und moderne Kunst, daher finden immer wieder Jazzkonzerte statt. Im Haus und im weitläufigen Garten viele Bilder, große und kleine Plastiken. Ein idealer Ort, um richtig zu entspannen – wem es langweilig wird, der lässt sich runter ans Meer bringen. Da ist immer was los!

Oben: Der traumhafte Swimmingpool des Hotels »Emilia«, ganz rechts das Hotel selbst – man hat durch die geschickte Staffelung von jedem Zimmer aus einen phantastischen Meerblick. Unten: Innenhof des Hotels »Fortino Napoleonico«. Hinter den Schießscharten mit winzigen Fenstern verbergen sich die auch im Sommer angenehm kühlen Zimmer.

PALMEN & ORANGEN

Grottamare an der Riviera delle Palme lockt mit der schönsten Palmenpromenade der Adria; und in der mittelalterlichen Oberstadt, wo die Zeit stillzustehen scheint, mit filmreifer Kulisse.

Stattliche Villen und ornamentgeschmückte Jugendstilpalais am Lungomare mit seinen wohlgepflegten Palmen erzählen vom einstigen Prestige des Badeorts, der heute wie leider alle anderen mit der Architektur der Nachkriegsjahre und dem unschönen Plastikmobiliar moderner Kinderspielplätze verunziert ist. Der Borgo oberhalb blieb von solchen Hässlichkeiten verschont. Nach wenigen Schritten durch eine schmale Gasse öffnet sich ein Platz. So idyllisch und liebevoll bewahrt, dass man schon fürchtet, in Filmaufnahmen geraten zu sein. Dabei nutzt nur ein Brautpaar die Szenerie, lässt sich mit Oldtimer und großer Robe fotografieren. Dem Orangenbaum in der Mitte – jetzt im Topf, nachdem der Vorgänger in der Platzmitte dem Frost zum Opfer fiel – verdankt die »Osteria dell'Arancio« im ehemaligen Lebensmittelladen ihren Namen (Bild nächste Seite rechts unten). Ein Lokal, das dem Gast sofort ein Lächeln ins Gesicht zaubert, so herzlich ist der Empfang, so hübsch das Ambiente, so gut das Essen und der Wein!

1

1

AUBERGINENRÖLLCHEN

Darin eine Portion Hackfleisch, schön locker und fabelhaft gewürzt; darunter eine sommerleichte Peperonata und obendrauf knusprige Zwiebelringe.

Für vier Personen:
2 längliche Auberginen, 5 EL Olivenöl, Salz, Pfeffer, 250 g Hackfleisch, ½ Brötchen, 2 Zwiebeln, 3 Knoblauchzehen, Basilikum, je ½ rote und gelbe Paprika, 1 Zucchino, 1 Tomate

Die Auberginen der Länge nach dünn aufschneiden. Nebeneinander auf einem Blech mit Olivenöl einpinseln, salzen und pfeffern. Bei 200 Grad im Backofen 5-8 Minuten braten. Das Hackfleisch mit eingeweichtem Brötchen, ein wenig gehackter, gedünsteter Zwiebel, Knoblauch und Basilikum mischen und würzen. Bällchen formen und mit je einem Auberginenband umwickeln. Nebeneinander in eine feuerfeste Form setzen, mit Öl beträufeln und im Ofen 10 Minuten backen.
Für die Peperonata Gemüse würfeln, in Öl anbraten, salzen, pfeffern und ohne Deckel ganz langsam gar schmurgeln lassen. Die übrige Zwiebel in dicke Ringe schneiden und in Öl frittieren oder braten. Wie auf dem Bild anrichten.

2

CRÊPE-BEUTEL MIT RICOTTA

Angerichtet werden die Beutelchen auf einem Bett von rasch in der Pfanne gebratenem grünem Gemüse: Artischocken, Spargel, Erbsen, Bohnen …

Für vier Personen:
120 g Mehl, 2 Eier, Salz, ¼ l Milch, 250 g Ricotta (ersatzweise Schichtkäse, mit Salz, Pfeffer, Muskat und 2 EL Olivenöl gewürzt), außerdem: Öl zum Backen, Parmesan

Mehl, Eier, Salz und Milch zum dünnen Crêpeteig rühren, eventuell mit einem Schuss Wasser verdünnen. Pfannkuchen daraus backen. Mit Ricotta füllen, die Päckchen kurz in der Pfanne erwärmen. Auf Gemüse anrichten, Käse darüber, und eine Tomate aufsetzen.

Im märkischen Süden kann man mal einen Wein der Nachbarprovinz genießen, vor allem einen der berühmtesten Weißweine Italiens, den Trebbiano d'Abruzzo von Valentini. Der 2006 verstorbene Edoardo Valentini war einer der herausragendsten Winzer Italiens. Gegen den Trend hielt er am langsamen Ausbau seines Trebbiano fest, verzichtete auf die modisch fruchtigen Primäraromen, setzte ganz auf Mineralität, klare Struktur, Säure und die bei der Reifung entstehenden Sekundäraromen. Kein leicht zugänglicher Wein, aber mit seinen Nuss- und Zitrusnoten als Essensbegleiter genial! Fast immer erhielt der Wein die begehrten drei Gläser im Gambero Rosso, dem prägenden Weinführer Italiens. Nicht minder großartig Valentinis Rotwein Montepulciano d'Abruzzo, der Cerasuolo (Rosé) und das Olivenöl. Sein Sohn Francesco wird das Werk fortsetzen.

2

3
SPIRALNUDELN AMATRICIANA

Das klassische Rezept: Tomatensauce, mit Speck angesetzt und mit Peperoncino (Chili) schön geschärft.

Für vier bis sechs Personen:
100 g luftgetrockneter Speck, 2 EL Olivenöl, 1 Zwiebel, 2 Knoblauchzehen, 1 Rosmarinzweig, 1 getrocknete Chilischote, 2 Tassen passierte Tomaten, Salz, 350 g Spiralnudeln

Speck in zentimetergroße Würfel schneiden, im heißen Öl langsam sanft ausbraten. Gehackte Zwiebel und Knoblauch zufügen, Rosmarin und Chili. Tomatenfleisch dazugeben. Eine halbe Stunde köcheln. Abschmecken und unter die bissfeste Pasta mischen.

6

4
FRITTIERTES KANINCHEN

Schmeckt umwerfend! Stücke aus der Keule, Koteletts aus dem Rücken – paniert und in Olivenöl gold ausgebacken.

Für vier bis sechs Personen:
2 Kaninchenkeulen, 1 Kaninchenrücken, Salz, Pfeffer, 2 Eier, je 100 g Mehl und Semmelbrösel, Olivenöl zum Frittieren

Das Fleisch in Stücke schneiden, mit Salz und Pfeffer würzen. In drei Tellern bereitstellen: verquirlte, gewürzte Eier, Mehl und Brösel. Die Fleischstücke in Mehl wenden, durchs Ei ziehen und dann in den Bröseln drehen. In heißem Öl schwimmend frittieren.

5
KALBSBRUST VOM GRILL

Dafür wird das gesamte Bruststück auf dem Grill gegart, bis es außen rösch und knusprig, innen aber saftig ist.

Für vier bis sechs Personen:
1,5 bis 2 kg Kalbsbrust am Stück, Salz, Pfeffer, Zitronensaft, 5 EL Olivenöl, 6 große Kartoffeln

Das Fleisch mit Salz, Pfeffer und Zitronensaft einreiben, auf dem eingeölten Röst langsam knusprig braten, dabei mit Öl einpinseln – falls kein Grill zur Verfügung steht, im Backofen (bei 200 Grad 30 Minuten). Die Kartoffeln schälen, in fingerdicke Stifte schneiden, auf einem Blech verteilen. Pfeffern und mit Öl mischen. Bei 200 Grad ca. 20 Minuten im Ofen backen. Erst dann salzen. Zum Servieren das Bruststück in gut fingerdicke Scheiben schneiden.

6
JOGHURT-MOUSSE

Mit ganzen und pürierten Walderdbeeren ins Glas geschichtet – sieht schön aus, geht schnell, schmeckt toll!

Für vier bis sechs Personen:
250 g Naturjoghurt, 4 EL Zucker, 1 Zitrone, 150 g Sahne, 250 g Walderdbeeren

Joghurt mit Zucker, etwas Zitronensaft und -schale abschmecken. Steif geschlagene Sahne unterziehen. In hohe Gläser verteilen. Die Hälfte der Erdbeeren darauf verteilen, restliche Beeren mit Zucker und Zitronensaft mixen und darübergießen. Kalt stellen.

3

4

5

ASCOLI PICENO

Ganz im Süden der Marken liegt die Provinz mit ihrer Hauptstadt gleichen Namens. Ein wenig abseits des klassischen Trampelpfads rückt beides erst langsam in den Touristenblick.

Dabei hat die Geschichte auch hier eine Menge Sehenswertes hinterlassen. In Fermo, ganz im Norden der Provinz, beispielsweise eines der schönsten Theater der Region. Oder der winzige Ort Servigliano, 1773 durch einen Erdrutsch zerstört und als päpstliche Musterstadt von Clemens XIV. angelegt und in seinen alten Mauern nahezu unverändert erhalten. Schließlich die Hauptstadt selbst, vermutlich eine der unbekanntesten unter den vielen schönen Städten Italiens. Einst Sitz der Picener, die zwischen dem 7. und 2. Jahrhundert v. Chr. die Marken bevölkerten, wurde sie bereits Mitte des 2. Jahrhunderts von den Römern eingenommen. Hier errang übrigens König Pyrrhus seinen sprichwörtlichen Sieg in der Schlacht von Asculum 279 v. Chr., nach der er gesagt haben soll: »Noch so ein Sieg (wie gegen die Römer) und wir sind verloren.« Unruhige Zeiten auch später: Goten, Byzantiner, die Langobarden zogen durch. Friedrich II. ließ die papsttreue Stadt 1240 nach langer Belagerung sogar niederbrennen.

Im 15. Jahrhundert kam der Ort unter päpstlichem Schutz zur Ruhe. Handel brachte Wohlstand, wovon die Gebäude noch heute zeugen. Die Kirche San Francesco, 350 Jahre zuvor begonnen, wurde jetzt vollendet. Daneben die elegante Loggia dei Mercanti nach florentinischem Vorbild, der Ponte Nuovo, die neue Brücke, die über den Tronto zur Altstadt führt (Bild links), auch der Dom an der Piazza Aringa, auf dem Gelände des römischen Forums, das zweite Zentrum der kleinen Stadt wurde allmählich fertiggestellt. Charakteristisch für die Stadt sind Fassaden aus sanftrosa Travertin, nicht wie in den anderen Städten der Region aus Terracotta. Den Zweiten Weltkrieg überstand sie übrigens unzerstört, weil sie als Lazarettstadt von Bombenangriffen verschont blieb.

Ascoli Piceno lebt nicht vom Tourismus, es ist sich selbst genug, das gibt ihm besonderen Charme. Allabendlich lässt sich das auf der Piazza del populo miterleben, wenn im »*salottino*«, dem Wohnzimmerchen, wie man ihn zärtlich nennt, der Corso beginnt und alle dort versammelt sind: Frauen und Männer, Mädchen und Buben, Kinder und Greise, Arm und Reich. Sie lachen, plaudern, kreischen, spielen, zanken sich, trinken ein Gläschen, essen eine Kleinigkeit – leben. Wie schön, wenn man dabei Gast sein darf!

Gleich zwei kulinarische Spezialitäten hat Ascoli zu bieten: Die berühmten grünen Riesenoliven, mit Hackfleisch gefüllt, paniert und in Olivenöl gebacken. Köstlich zum Aperitif. Und die Anisetta: *ein süßwürziger Likör, von Silvio Meletti erfunden, der so erfolgreich damit war, dass er das ehemalige Postamt erwerben und zum eleganten Jugendstilcafé umbauen konnte. Es ist das Schmuckstück der prächtigen Piazza del populo. Rechts der Palazzo dei Capitani mit seinen wunderschönen Arkaden, die hier gerade Kunststudenten als Ausstellungsraum nutzen.*

IM HINTERLAND

Fisch verschwindet fast völlig von der Speisekarte, sobald man auch nur wenige Kilometer weg vom Meer ins Landesinnere fährt. Fleisch ist dann reichlich angesagt, aber auch jede Menge Gemüse!

Der Slow-Food-Führer »Osterie d'Italia« ist vor allem in Gegenden hilfreich, für die die »etablierten« Restauranttester nicht genügend Kundschaft erwarten – für ihre Bücher, nicht für die Restaurants. Und wo er sein Wahrzeichen, die Schnecke, an ein Haus vergibt, lohnt meist sogar ein Umweg. Die »Locanda del Pompa« würde man sonst auch nicht finden – sie liegt abseits der Straße von Ascoli Piceno nach Teramo. Erst kommt man an eine Kreuzung, die von gewaltigen Brennholzstapeln umstellt ist, so riesig, dass man die Bäckerei, die sie verarbeitet, erst mal übersieht. Ein Geheimtipp offenbar, denn der Andrang ist groß.

Zum Schnecken-Gasthaus geht's kurz danach links ab, durch Weizenfelder, die malerisch unter Olivenbäumen wogen. Auf der überdachten Terrasse des einfachen Landgasthauses sind die Tische mit blau-weißen Tüchern gedeckt. Am Nebentisch eine Gruppe italienischer Businessmänner, fröhlich tafelnd. Es ist stets schön zu sehen, wie man hier Geschäft mit Genuss und Lebensart zu verbinden weiß ... Speisekarte gibt's keine, der Ober sagt an, was heute vorbereitet ist: einfache, rustikale Gerichte in der klassischen Tradition. Sorgfältig und liebevoll zubereitet. Die gefüllten Gemüse haben wirklich Pfiff. Und das gute Brot der Bäckerei Mancini von der Kreuzung gibt's auch!

I

GEFÜLLTE GEMÜSE

Hauptzutat aller Füllungen ist Weißbrot – unglaublich, wie unterschiedlich sie sind. Ausnahmen: die Speckbohnenröllchen vorn und Nudelröllchen. Letztere sind mit Frischkäse gefüllt, angemacht mit winzigen, gedünsteten Würfeln von Zucchini, Möhren und Tomaten.

Für vier bis sechs Personen:
Alle Füllungen:
Salz, Pfeffer, Olivenöl, Basilikum, Pecorino
... mit Tomate (Zucchino links): 3 Brotscheiben, 1 Tomate, 2 Knoblauchzehen, Salz, Pfeffer, frische Minze
... mit Fleisch (Champignonhut Mitte): 2 Brotscheiben, 200 g Hackfleisch, 1 Zwiebel, 2 Knoblauchzehen, 7–8 Champignons
... mit Ei (runder Zucchino): 1 Brotscheibe, 3–4 Eier, 1 rote Paprika, 2 Knoblauchzehen, Petersilie
Auberginenröllchen und Zucchiniblüte:
200 g Frischkäse, 1 Tassen Tomatenfleisch, Maisgrieß (Polenta) zum Panieren

Das Brot (es sollte altbacken sein) würfeln, mit etwas Wasser anfeuchten. Die übrigen Zutaten zufügen: Tomate gehäutet, gewürfelt (mit ihrem Saft das Brot tränken), Knoblauch durch die Presse gedrückt. Zwiebel fein gewürfelt und in etwas Olivenöl weich gedünstet. Kräuter fein geschnitten. Die Stiele der Champignons sehr fein gehackt und zusammen mit Zwiebel und Knoblauch angedünstet. Die Eier verquirlt, in der Teflonpfanne mit gewürfelter Paprika und Knoblauch gestockt, dabei mit dem eingeweichten und zerpflückten Brot vermischen.
Die Füllungen einzeln herstellen, gut abschmecken, stets mit einem guten Schuss Olivenöl binden. In die ausgehöhlten Gemüse füllen, schön aufhäufen und festdrücken. Nebeneinander in einer Gratinform bei 200 Grad 15 bis 20 Minuten backen. Frischkäse mit Tomatenfleisch und Basilikum verrühren, auf dünne gebratene Auberginenscheiben streichen. Aufrollen, in Grieß wenden und in Öl golden braten.

2

3

2

TAGLIATA AUF RUCOLASALAT

Nicht nur in Italien Kult. Ein dreifingerdickes Steak aus der Hochrippe, aus dem Entrecôte oder auch von der Rinderlende mit Knochen – *bistecca* sagt man in Italien dazu. In jedem Fall wird das gut abgehangene, mürbe Stück im Ganzen gegrillt oder gebraten, möglichst blutig, damit der volle Fleischgeschmack bleibt. Und zum Servieren schließlich schräg in dünne Scheiben geschnitten (*tagliare* = schneiden). Auf Rucola angerichtet, mit feinstem Meersalz (*fior di sale*), Olivenöl und ein paar Tropfen Balsamico gewürzt: ein Traum!

3

TORTA DELLA NONNA

Vermutlich gibt es in Italien ähnlich viele Großmuttertorten wie Großmütter. Hier eine Version mit knusprigem Mürbteigboden und schmelzender Ricottacreme.

Für eine Springform von 26 cm Durchmesser:
Mürbteig: 125 g Butter, 75 g Zucker, 200 g Mehl, 1 Eigelb
Ricottacreme: 4 Eigelb, 3 EL Zucker, 1 Zitrone, 250 g Ricotta
Außerdem: 3 EL Milch zum Einpinseln, 1 Eigelb

Springform buttern. Butter, Zucker, Mehl und Eigelb rasch zum Teig kneten, in Folie gehüllt 30 Minuten kalt stellen. Messerrückendick ausrollen, Form damit auskleiden. Aus restlichem Teig Streifen ausradeln. Für die Creme Eigelb und Zucker dick und schaumig schlagen. Saft und Schale der Zitrone sowie die Ricotta einarbeiten. In die Form gießen. Die Teigstreifen als Gitter auf die Oberfläche breiten. Mit Milch und Ei einpinseln.
Bei 200 Grad (Unterhitze!) ca. 35 Minuten backen, bis der Boden knusprig ist. Mit Puderzucker bestäubt und mit Vanillesauce servieren.

DIE ABRUZZEN: VERTRÄUMTE DÖRFER, KRÄFTIGE KÜCHE UND DIE ENGSTE STRASSE ITALIENS

Kommt man von Norden, von Ascoli Piceno her, ins Tal des Salinello, erhebt sich malerisch auf einer Kuppe Civitella del Tronto. Mühsam windet sich die Straße hoch: ein netter Ort mit der engsten Straße Italiens – gut, dass ein Schild darauf hinweist, sonst hielt man sie für einen Häuserspalt. Sie ist kaum 30 cm breit – wer passt da durch? Von Piazza oder Festung geht ein weiter Blick ins Land: im Westen Richtung Süden folgt er den gewaltigen Schneegipfeln der Abruzzen, in denen sich ein Nationalpark an den anderen reiht: Mehr als ein Drittel der Provinz ist Naturschutzgebiet! Im Südosten liegt die Adria, dazwischen eine bewegte, von Tälern gegliederte Landschaft, auf deren Kuppen Städte und Dörfer thronen.

VINO D'ABRUZZO

Abruzzen: Das klingt nach wilden Bergen, wo einst die Räuber hausten, nach kernigen Nudeln mit würzigen Saucen, kräftigem Käse, köstlichen Würsten und bäuerlichem Wein.

Der einfache, billige, bäuerliche Wein ist heute nicht mehr gefragt – mehr als zwei dutzend Weingüter bieten inzwischen Weine von höchstem Niveau an. Die Würste und der Käse schmecken, Gott sei's gedankt, so gut wie eh und je. Die berühmten Nudelfabriken des Landes beliefern inzwischen die ganze Welt. Und längst ist nur noch der Staat ein Räuber, denn unter dem Gran Sasso, dem »großen Felsen«, mit fast 3000 Metern höchstes Bergmassiv des Apennin, führt die mautpflichtige Autobahn hindurch. Von Rom aus ist man so in zwei Stunden an den weiten Stränden der Adria (siehe Seite 90/91) – der Tourismus boomt im einstmals armen Land, dem die Berge ihren Namen gaben. Auch die Industrie entwickelt sich prächtig, denn die Leute sind fleißig. Das unglaublich dynamische Weingut Masciarelli ist ein Musterbeispiel für den Erfolg durch Konzentration auf das Wesentliche und ein stetes Streben nach höchster Qualität. Spitzentechnologie geht hier mit traditionellen Ausbaumethoden eine glückliche, weil

wohlüberlegte Verbindung ein. Der begeisterungsfähige und durchsetzungskräftige Gianni Masciarelli hat zusammen mit seiner fabelhaften Frau Marina Cvetić – die übrigens von der gegenüberliegenden Küste der Adria stammt, aus Makarska in Dalmatien – aus dem elterlichen Bauernhof mit drei Hektar Reben einen international konkurrenzfähigen Betrieb mit inzwischen 295 Hektar Weinbergen und Olivenhainen gemacht. Die beiden setzen einerseits auf die klassischen Rebsorten, also den roten Montepulciano d'Abruzzo (nicht zu verwechseln mit dem Montepulciano aus der Toskana, der ja aus einer Spielart der Sangiovese gekeltert wird) und den weißen Trebbiano, widmen sich aber mit gleicher Hingabe den internationalen Sorten Chardonnay und Cabernet Sauvignon. Die Weine von Masciarelli sind klassisch ausgebaut, fallen allerdings weniger rau aus als früher – man hat, wie Gianni sagt, »ihnen einige Unebenheiten genommen, ohne sie aber zu vergewaltigen«. Der Montepulciano d'Abruzzo für den Alltag wird in Edelstahl vergoren und ist jung zu trinken, der Spitzenwein Villa Gemma im neuen Barrique gereift – der dichte, mineralische und trotzdem fruchtige, so gar nicht bäuerliche, eher herrschaftliche Wein kommt nur in guten Jahren und erst fünf Jahre nach der Lese auf den Markt! Die von Marina Cvetić verantwortete Linie zeichnet sich durch weiche, gleichzeitig kräftige und elegante Weine aus, die dennoch hervorragend altern – ihr Trebbiano und der Chardonnay beweisen dies eindrucksvoll.

Zwischen den rauen Abruzzen und der milden Adria liegen die Weinberge und Olivenhaine des Landes geordnet und kleinteilig auf den durch Täler zerfurchten Hügeln. Hier herrscht tatsächlich ein ganz besonderes Klima: Einerseits schützen die Abruzzen die Region vor den nordwestlichen Winden und die eisigen, vom Balkan herüberfegenden Stürme werden beim Überqueren der Adria angewärmt. Andererseits sind hier die Tage heiß und die Nächte kühl, was die Trauben relativ säurereich und aromatisch erhält – sie gewinnen dadurch eine attraktive Lebendigkeit. Auch bei den Oliven unterstützen die Temperaturschwankungen die Ausprägung der Frucht, die Öle von Masciarelli werden daher sortenrein gepresst, um ihre Charakteristika deutlich zu machen. Die besten Weinberge liegen zwischen 150 und 450 Metern über dem Meer, die mineralischen Böden sind eher karg und deshalb gut für den Extrakt der Weine. Gianni und Marina lieben ihre Heimat um das Dorf San Martino sulla Marrucina, sie kümmern sich um die Erhaltung von Landschaft und Architektur und haben vor kurzem ein veritables Schloss erworben, in dem noch die historischen Einrichtungsgegenstände vorhanden sind, zum Beispiel eine hölzerne Torkel und ein Ofen für den einst beliebten, heute selten gewordenen »gekochten Wein«. Auch eine alte Olivenmühle gibt es hier. Das Anwesen (in das die Kirche des Dorfes integriert ist!) zu renovieren und dabei seine Geschichte nicht zu zerstören, haben sich die beiden neuen Schlossbesitzer zur Aufgabe gemacht.

GROTTA DEI RASELLI

Die Hänge des Maiellagebirges sind von karstigen Grotten durchzogen. In Raselli, einem Ortsteil von Guardiagrele, hat man aus einer solchen wilden Höhle ein freundliches Restaurant gemacht

Viele der Häuser im Ort lehnen sich an Felswände, oft hat man vorhandene Höhlen integriert und sie in emsiger Kleinarbeit zu Kellern und Gängen ausgeweitet – kühle, dunkle Lagerräume! Die »Grotta dei Raselli« befindet sich in einem Haus aus dem 19. Jahrhundert, das über einen besonders langen Höhlengang verfügt. Weil er wunderbar trocken ist, hat man hier früher die kostbare Holzkohle aufbewahrt, die in den Wäldern geköhlert wurde. Heute nutzt Franco Spadaccini den Platz für seine Weine, es sind mehr als 500 verschiedene Etiketten. Ein Teil der Grotte ist auch Gastraum – ein hübscher Kontrast, die weiß gedeckten Tische vor dem nackten Fels. In England geboren, war immer sein Traum, in der Heimat des Vaters ein Gasthaus zu führen. Den hat sich Franco mit seiner Frau Anna Maria erfüllt. Seine Liebe gehört den Produkten der Gegend, nach denen er ständig auf der Suche ist, zubereitet nach den klassischen Rezepten, die er jedoch mit Phantasie modernisiert und abwandelt. Die Gäste danken's ihm und kommen treu. Sein Cheese-Cake aus der Heimat seiner Mutter als Dessert gilt als Hit.

Im Winter schön heimelig und stimmungsvoll, im Sommer angenehm kühl ist der Speiseraum mit der echten Grotte. Auf dem Antipastiteller (einer reicht für zwei!) sind Kostproben wunderbarster Würste und Schinken sowie die unterschiedlichsten Käse – alles aus der Region, versteht sich, von handwerklich arbeitenden Betrieben.

1

2

1

ANELLINI MIT RICOTTA

Pasta in Form von Ringlein – das ist mal etwas anderes! Der Sugo ist wunderbar gemüsig, und am Tisch wird mit der Kartoffelpresse frische, duftige Ricotta darüber verteilt.

Für vier Personen:
350 g Pasta, Salz, 1 Aubergine, 3 EL Olivenöl, 1 Zwiebel, 2 Knoblauchzehen, 1 Zucchino, 2–4 Steinpilze, Pfeffer, 2 Tassen Tomatenfleisch, Basilikum, 50 g Pecorino, 200 g Ricotta

Die Pasta bissfest kochen. Die Aubergine zentimeterklein würfeln, im heißen Öl anbraten, salzen, mit Pfeffer würzen. Gehackte Zwiebel und Knoblauch zufügen sowie nach und nach Zucchini- und Steinpilzwürfel. Wenn alles schöne Bratspuren zeigt, das Tomatenfleisch hinzufügen, dann auch Basilikum. Leise einige Minuten köcheln, gut abschmecken. Die Pasta abgießen, im Topf mit Pecorino schwenken, dann erst den Gemüsesugo untermischen. In Tellern anrichten. Ricotta durch die Kartoffelpresse geben und darüber verteilen.

2

RICOTTA-TORTE

Sie kommt fast ohne Backen aus: Der Boden besteht aus zerkrümelten Keksen und Butter. Die Ricottacreme wird mit Sahne gelockert und mit Gelatine versteift.

Für eine Springform von 24 cm Durchmesser:
50 g Haselnüsse, 200 g Löffelbiskuits oder Amaretti, 50 g Butter, 4 Blatt Gelatine, 2 EL Zitronenlikör, 500 g Ricotta, 3 EL Zucker, 1 Zitrone, 100 g Sahne

Die Haselnüsse in der Pfanne rösten, bis sie duften, dann im Blitzhacker zerkleinern. Die Butter schmelzen. Die Biskuits zerkrümeln, am besten in einer Tüte mit dem Nudelholz zerdrücken. Alles mischen und in der Springform zu einem gleichmäßigen Boden verteilen. Bei 150 Grad 15 Minuten backen.
Eingeweichte Gelatine im Zitronenlikör auflösen (Mikrowelle). Ricotta mit dem Handmixer aufschlagen, mit Zucker, Zitronensaft und -schale würzen. Gelatine einrühren sowie die steif geschlagene Sahne unterheben. In die Form gießen, über Nacht fest werden lassen. Mit Waldbeeren servieren.

GUARDIAGRELE

Der Name deutet auf die strategisch günstige Lage am Maiellagebirge hin. Heute empfiehlt sich das muntere Städtchen als »Tor der Abruzzen« – für Ausflüge in die Bergwelt tatsächlich ideal!

Der Ort sitzt wie eine Kappe auf einem Haupt. Eine schmale Hauptstraße, Plätzchen, Brunnen, Cafés. Um den Dom Bürgerhäuser mit klassizistischen Fassaden, sonst sind sie eher schmalbrüstig. Hübsche Geschäfte. Marina Cvetić, die schicke Winzerin von Masciarelli sagt, sie kaufe lieber hier ein als in Milano. Und sie empfiehlt die »Villa Maiella«. Das rosa Gebäude wirkt von außen schlicht. Drinnen ist der Teufel los: eine Schulklasse. »Sie hatten bei meiner Frau Geschmacksunterricht«, erklärt der Hausherr. »Wir müssen sie erziehen, zu Hause erleben das nicht alle.« Sollte es in Italien nicht anders sein als bei uns? Der Speisesaal ist hell, elegant, von der Terrasse ein toller Blick. Phantasievolle Küche, komfortable Zimmer und die Wirtsfamilie Tinari so herzlich, dass man unbedingt wiederkommen muss!

Der Safran aus Navelli ist berühmt. Der Ort liegt nicht weit, auf halber Strecke nach l'Aquila. Peppino Tinari, Hausherr in der Villa Maiella, präsentiert stolz die beste Qualität, bei der die hellen Fäden, die sonst die Blütenstempel zusammenhalten, ent-

I

SAFRANRISOTTO

Ehrensache, dass man in der »Villa Maiella«, wo es nur geht, Safran verwendet – natürlich nur die allerbeste Qualität!

Für vier Personen:
1 weiße Zwiebel, 2 Knoblauchzehen, 3 EL Olivenöl, 200 g Risottoreis (z. B. Carnaroli), 1 Glas Weißwein, ca. 1 l leichte Brühe, Salz, Pfeffer, ½ TL Safranfäden, 50 g Butter, 50 g Pecorino, Radicchioblätter zum Anrichten

Zwiebel und Knoblauch im Öl andünsten, Reis mitschwitzen, mit Wein ablöschen. Nach und nach die Brühe angießen, 20 Minuten köcheln lassen, immer wieder rühren. Mit Salz und Pfeffer würzen. Am Ende Safran in etwas Brühe auflösen und unterrühren. Zum Schluss Butter und Käse unterschwenken, noch drei Minuten ziehen lassen und schließlich servieren.

fernt sind. Handarbeit, was das ohnehin kostbare Gewürz noch teurer macht. Qualität liegt ihm am Herzen, was auch der Blick in seinen Weinkeller zeigt. Bild oben: Hochbeiniges Spalier mit Tafeltrauben, die man hier erzeugt und ins ganze Land schickt.

VASTO & TÉRMOLI

Die Flüsse, die von Apennin und Abruzzen in die Adria fließen, ließen Hügelketten wie Rippen zwischen sich stehen. Wo diese zum Meer hin abbrechen, liegen oben die alten, wehrhaften Städte.

Vasto im Süden der Provinz Abruzzo und Términoli im Molise sind typische Beispiele dafür: Für den Verkehr schwer zu erschließen, mit engen Straßen und steilen Gässchen. Das ist malerisch, aber für die Bewohner nicht einfach. Das Auto muss oft stehen bleiben. Umbauen und Renovieren erfordert viel Aufwand. Das hat dazu geführt, dass die alten Stadtkerne verwaisen – die jungen Leute zieht es in die autogerechten Vorstädte, in furchtbar öde Wohnsilos …
Die Flusstäler selbst sind völlig chaotisch zugebaut mit hässlichen Industrieanlagen, Fabriken, Autohäusern, Möbelzentren, Lampengeschäften, Elektronik- und

Eine besondere Attraktion von Términoli sind die Trabucchi: Aufwändig konstruierte Anlagen für den Fischfang – drei Männer sind nötig, um den das Ufer entlang schwimmenden Fischschwärmen erfolgreich nachzustellen. Eine Methode, die man von hier bis rund um den Gargano, den Sporn des italienischen Stiefels, anwendet. Schier endlos dehnen sich die Sandstrände, die durch die aufgeschütteten Wellenbrecher zwar nicht an Schönheit gewonnen haben, dafür aber kinderfreundlich sind.
Die Küche der »Villa Vignola« ist einfach, aber alles wird aus frischen Zutaten korrekt zubereitet. Zum Beispiel grüne Böhnchen mit gekochten Garnelen, gewürzt mit Zitronenstückchen, Salz, Pfeffer und bestem Olivenöl. Oder mit Ricotta gefüllte Tortelloni in einer leichten Safran-Sauce mit gebratenen Zucchini und Scampischwänzen. Sehr gute Weinkarte! Und eine einfach paradiesische Ruhe, ohne öffentlichen Strand, Straße oder Eisenbahn vor der Nase – ein wahrhaft seltenes Vergnügen an der italienischen Adria!

Lebensmittelmärkten. Und am Meeresstrand haben die Investoren zugeschlagen: Ferienanlagen und Apartmenthäuser, manchmal kilometerlang aneinandergereiht, die nur in der Hauptsaison bewohnt sind, also maximal zwei Monate im Jahr …

Nach Vasto selbst würde es daher einen mitteleuropäischen Urlauber wohl kaum locken, aber etwas außerhalb wird er fündig: In einer kleinen, geschützten Meeresbucht liegt, umgeben von Oliven, Feigen und – dank der geschützten Lage – Zitrusbäumen, ein Haus wie ein gestrandetes Schiff: die »Villa Vignola«. Seit Jahren reißen sich absolute Ruhe suchende Stammgäste in der Hauptsaison um die wenigen Zimmer.

Térmoli hat einen hübschen, lebendigen Stadtkern, der zum Flanieren, Einkaufen und Einkehren einlädt, in einer der vielen Osterien und Trattorien (wenn man keine allzu hohen Ansprüche stellt). Hier wurde eine nachahmenswerte Idee verwirklicht, um den Stadtkern wiederzubeleben: Die einfachen, aber intelligent gestalteten Zimmer des »Residenza Sveva« sind in verschiedenen Häusern der Altstadt unterbracht – authentisches Wohnen in alten Mauern und der Geborgenheit eines mittelalterlichen Städtchens; ergänzend gibt es den hauseigenen Beachclub.

STOLZE SEESTÄDTE

Mit dem Gargáno, dem Sporn am Stiefel, ändert sich die Adria: Felsige Küste mit geschützten Buchten ersetzt die weiten Sandstrände. Wie auf einer Kette reihen sich daran die weißen Städte.

Barletta, Trani, Bisceglie, Molfetta, Giovinazzo – Städte zwischen 50 und 100 000 Einwohnern, traditionsreich und doch lebendig, mit mittelalterlichen Stadtkernen, Kathedralen und Festungen der Staufer, alle um einen natürlichen Hafen entstanden, alle umgeben von einem hässlichen Gürtel aus Wohnblocks. Die langsam ins Hinterland der karstigen Murge aufsteigende Landschaft wirkt weit und grenzenlos.

Die »Meereskathedrale« von Trani aus dem zartrosa schimmernden, harten Traneser Sandstein, der die Fassade nicht nur im Abendlicht warm leuchten lässt und dem die Stadt bis heute einen Teil ihres Wohl-

Die Kathedrale von Trani steht völlig frei auf einer Terrasse zwischen dem fast geschlossenen Hafenrund und dem Castello Suevo von Friedrich II. Rund um das Hafenbecken – heute von Yachten und Fischerbooten genutzt – und in der dahinter liegenden Altstadt prächtige Paläste mit gusseisernen Balkonen und Kirchen, aber auch enge Gassen, beschauliche Plätze, schicke Läden, hippe Cafés, Bars und Restaurants. Besonders schön sitzt man im üppig begrünten Innenhof der »Osteria Corteinfiore«. Hier lässt es sich vortrefflich speisen, sogar Seeigel gibt's, die man sonst nicht serviert, wo ausländische Touristen essen: »Die fürchten sich davor«, grinst der Ober. Die Pasta ist hausgemacht und mit Meeresfrüchten angerichtet (Rezept Seite 19). Zum Abschluss gibt es ein Glas des berühmten goldfarbenen und süßen Moscato di Trani. Die kleinen Tomaten sieht man im Herbst überall: Die Hitze und der Wind des Sommers gaben ihnen eine dicke Schale, so dass sie nicht faulen oder austrocknen. Zu Weihnachten süßen sie dann den Pastasugo!

stands verdankt, gehört zu den eindrucksvollsten Bauten der apulischen Romanik. Sie wurde im 12. Jahrhundert über der 200 Jahre älteren Kirche errichtet, diese zu einer Krypta umfunktioniert, deren filigrane Säulen und 36 Joche etwas Orientalisches ausstrahlen. Man betritt zunächst diesen Raum, die lichtdurchflutete Hauptkirche darüber erscheint danach noch größer und eindrucksvoller.

Der Bergrücken des Gargáno gehört nicht zum italienischen Festlandsockel, er war einst eine dem dalmatinischen Archipel vorgelagerte Insel und hat daher viel Ähnlichkeit mit der gegenüberliegenden Küste. Erst die in Jahrtausenden angeschwemmte Erde schuf die Verbindung zum Festland. So entstand das heute größte Hartweizen- und Gemüseanbaugebiet Italiens – im Winter reihen sich die Felder mit Fenchel, Rapa (eine Spezialität Apuliens; siehe Seite 101), Mangold und Artischocken kilometerweit …

Zum Nationalpark erklärter Wald bedeckt das Massiv des Gargáno, das Wanderfreunde schon lange als Ferienziel schätzen. Und seit Jahrhunderten kommen Pilger in die Wallfahrtsorte: Die Grotte des Erzengels Michael in Monte Sant'Angelo aus dem 5. Jahrhundert gilt als ältestes Wallfahrtsziel des Abendlandes,

Gewaltig, abweisend und wehrhaft ist die romanische Nordfassade des Doms von Barletta – unter den Normannen bedeutende Handelsstadt und Kreuzfahrerhafen – mitsamt seinem Campanile. In einem seiner Rundbögen hebt Maria, die Namenspatronin, segnend ihre Hände. Heimelig und malerisch dagegen ist der kleine Hafen von Giovinazzo mit seinen bunten Fischerbooten.

San Giovanni Rotondo des Padre Pio ist das jüngste. Die Fahrt entlang der Küstenstraße ist teilweise mühsam, bietet jedoch auch spektakuläre Eindrücke: Das Städtchen Peschici thront weiß leuchtend über dem blauen Meer (Bild Seite 7), ebenso Vieste auf seinem Felsrücken. Dazwischen drängen sich Campingplätze und Ferienheime – der Billigtourismus trägt nicht zur Verschönerung der natürliche Landschaft bei und hat die kulinarische vernichtet: Schwaden von schlechtem Fett, tranigem Fisch und verbranntem Fleisch liegen über Städten und Land. Italienische Plumpsküche.

Zwischen Vieste und der Olivenstadt Mattinata allerdings eine Strecke, die erst am Ufer, dann auf halber Höhe einer schroffen, steil abfallenden Felsküste ent-

IN DEN HAFENSTÄDTEN SPÜRT MAN BEREITS DIE NÄHE DES ORIENTS. GLEISSENDES LICHT LÄSST DIE STEINE LEUCHTEN

langführt, umwuchert von wilder Macchia, duftenden Rosmarinbüschen, hängenden Kapernsträuchern: Bizarre Felsbögen, die kühn ins Wasser ragen (Bild Seite 9), Felsnasen, von denen vom Wind gepeitschte Kiefern zu purzeln scheinen, malerische Trabucchi, wuchtige Wachttürme.

Durch Tunnels erreicht man die von Manfred, dem Staufer, angelegte Hafenstadt Manfredonia mit chemischer Industrie, passiert die Salinen von Margherita di Savoia, die größten Italiens, und gelangt in die Provinz Barletta-Andria-Trani – die gleich drei Hauptstädte hat. Diese liegen im gleichschenkligen Dreieck nur zehn Kilometer auseinander. Weil man sich nicht auf einen Provinznamen einigen konnte, trägt sie nun alle drei: So salomonisch waltet die italienischen Regionalpolitik.

CASTEL DEL MONTE

Auf einer Kuppe der Murge, einer kargen Kalkhügelkette, die das Land von Nordwesten nach Südosten durchzieht, ließ sich Friedrich II. ein rätselhaftes Schloss bauen: die Krone Apuliens!

Stupor mundi, »Staunen der Welt«, wurde Friedrich II. schon zu Lebzeiten voller Bewunderung genannt. Er soll den achteckigen Bau selbst entworfen haben: Ein ideales, ebenmäßiges, auf der von ihm so geschätzten Geometrie basierendes Gebäude. Ohne Burggraben – keine Burg zur Verteidigung. Dennoch wirkt das Gebäude mit den wuchtigen Ecktürmen (die früher noch höher waren und das kronenartige Aussehen unterstrichen) wehrhaft. Ein Jagdschloss? Es fehlen die für eine Hofhaltung nötigen Nebengebäude. Und warum sind die trapezförmigen Räume im Erdgeschoss wie Kasematten ausgebaut?

Im ersten Stock ein in europäischen Fürstengemächern unbekannter Luxus: Toiletten mit Wasserspülung (der Bau wurde 1233 begonnen!), dazu eine Art Klimaanlage durch kühlendes Wasser – von den arabischen Gelehrten empfohlen, mit denen Friedrich Umgang pflegte? Bemerkenswert die reich gestalteten Umrandungen von Türen, Fenstern und Kaminen aus *breccia,* einem Korallen-Schotter-Konglomerat von dunklem Rot und hellem Weiß: sieht aus wie Blutwurst! War das Kastell für einen eher privaten Aufenthalt gedacht – oder sollte es ein Symbol der Macht sein, zum Lob des gewieften Machtpolitikers

Antichi Sapori
Montegrosso

Antichi Sapori
Montegrosso

Antichi Sapori
Montegrosso

Antichi Sapori
Montegrosso

und charismatischen Menschen, gleichzeitig Wissenschaftler, Falkner und Dichter? Die Reinheit der Formen, die in sich ruhenden Proportionen, der honiggelb leuchtende Stein, die märchenhaft stolze Lage in einer wilden, einsamen Natur: eine geheimnisvolle und magische Aura umweht das Castel del Monte!
Unten im Tal, im Dorf Montegrosso bei Andria, geht es um die handfesten Genüsse der Murge – um den wahren Geschmack, die *antichi sapori*. In der gleichnamigen Trattoria ist nur schwer ein Platz zu bekommen – frühzeitige Reservierung ist angesagt. Manchmal freilich hat man auch Glück – wenn man etwa vom Hotel (siehe nächste Seite) angemeldet wird, darf man vielleicht um 19 Uhr kommen. Man weiß ja, dass die ausländischen Touristen hastig und wenig essen, nicht lang sitzen bleiben, weil sie am nächsten Tag früh aufstehen, um ihr Besichtigungsprogramm zu erledigen. Und da viele Einheimische erst ab 22 Uhr kommen ... Meist klappt es – mit uns allerdings nicht, denn wir tafelten so ausgiebig, dass für die späten Gäste ein weiterer Tisch herangeschafft werden musste!
Dass immer voll ist, spricht für den Hausherrn, Pietro Zito, und sein Konzept, das von seinen Mitarbeitern perfekt umgesetzt wird: Beste und frische Zutaten der Region, die nach den althergebrachten Regeln der Tierhaltung oder des Ackerbaus unter Bevorzugung alter Sorten und Rassen produziert werden, die traditionelle Art zu würzen und die überlieferte Art der Zubereitung. Es beginnt mit einer Parade von Vorspeisen, dann folgen zwei Pastagerichte, Fleischgang, Käse, mehrere Desserts. Alles üppig bemessen und günstig kalkuliert: Besser kann man für so wenig Geld nicht essen und trinken – hier hätte sicher auch der *puer apuliae*, der Knabe Apuliens (Friedrich II.), mit seinen getreuen Andrianern gerne gespeist!

GESCHMACKVOLL, KLASSISCH, GUT: DIE KÜCHE DER AHNEN

Es ist übrigens nicht belegt, dass der Kaiser sich je in seinem Schloss aufgehalten hätte. Der prunkvolle Thronsaal erlebte später noch eine Hochzeit, das Kastell wurde ab und zu als Gefängnis verwendet. Schließlich diente es herumziehenden Hirten als Behausung, wurde zum Stall. Erst in buchstäblich letzter Sekunde konnte der Bau, der zu verfallen drohte, gerettet und saniert werden, so dass er sich dem staunenden Besucher heute in fast makelloser Schönheit präsentiert.
Dass man dies auch wirklich genießen kann, ist fast ein Wunder! Man muss einen guten Kilometer entfernt parken und hinauflaufen oder den Shuttle-Bus nehmen, wenn er denn gerade fährt. So stört nichts die Harmonie von Landschaft und Kastell.
Der Blick von hier oben ist herrlich, weit über die Landschaft und über die Städte, die am Meer und in einer zweiten Reihe etwa 10 bis 15 Kilometer dahinter liegen – Cerignola, Canosa di Puglia, Andria, Corato, Ruvo di Puglia, Bitonto ... Dazwischen: Olivenhaine. Olivenbäume, so weit das Auge reicht!

In der Trattoria Antichi Sapori *gibt es keinen Firlefanz auf dem Teller: Die Gerichte werden in der hochprofessionell ausgestatteten Küche zubereitet und kommen schnellstens auf den Tisch: heiß die Knoblauchknollen (ganz links unten), die wie eine Rose aufgeschnitten, frittiert und mit etwas Balsamico beträufelt werden – göttlich! Ein Gedicht die confierten Quitten, die mit den verschiedenen gereiften Käsesorten der Region perfekt harmonieren (darüber). Als Fleischgang findet man hier sonst eher selten angebotenes Büffel- oder Eselsteak. Im Herbst darf man die* olive dolce *nicht verpassen: Die saftigen Früchte einer Sorte, die man auch frisch wie Obst essen kann. Sie werden erwärmt, mit der Gabel zerdrückt, dabei die Kerne entfernt. Die Paste schmeckt zum Dahinschmelzen, am besten mit gekochten weißen Bohnen* (cannellini) *auf geröstetem Brot.*

1

2

1

ZWIEBELMARMELADE

Frisch, geradezu fruchtig, von der natürlichen Süße der Zwiebeln. Passt fabelhaft zum Käse, ist aber auch eine ideale Würze zum gebratenen oder gekochten Fleisch.

<u>Für 4 Gläser à 200 g:</u>
1 kg rote Zwiebeln aus Tropea (ersatzweise Schalotten), 2 Zitronen, 600 g Zucker, 1 Nelke, 2 Wacholderbeeren

Die Zwiebeln in feine Scheibchen hobeln, mit Wasser bedecken, Schale (am Stück) und Saft einer Zitrone dazugeben und über Nacht ziehen lassen. Abgießen, mit dem Zucker sowie dem Saft der zweiten Zitrone vermischt im Kupferkessel aufsetzen. Gewürze zufügen, sanft etwa 20 Minuten köcheln. Heiß in Schraubgläser abfüllen, so hält die Marmelade Jahre. Tipp: Die länglichen, roten Zwiebeln aus Tropea sind besonders mild und fruchtig. Es ist eine Sorte, keine Herkunftsbezeichnung. Man findet sie bei guten Gemüsehändlern auch auf unseren Märkten.

2

KÜRBISGRATIN

Am besten eignet sich hierfür der schmackhafte Hokaido mit seinem leuchtend orangen Fleisch oder der saftige Butternusskürbis, den man allerdings schälen muss.

<u>Für sechs Personen:</u>
1 mittelgroßer Kürbis, 1 Zwiebel, 2 Knoblauchzehen, 3–4 EL Olivenöl, 100 g schwarze Oliven, 75 g Kapern, Salz, Pfeffer, 100 g Semmelbrösel, 100 g Parmesan oder Pecorino

Den Kürbis (wenn nötig) schälen, Kerne entfernen, das Fleisch grob raffeln. Zwiebel und Knoblauch ebenfalls fein zerkleinern. Alles mit den entsteinten Oliven und Kapern mischen, dabei mit Olivenöl, Salz und Pfeffer würzen. In eine flache, feuerfeste Form geben. Brösel und Käse mischen und auf der Oberfläche verteilen. Mit Olivenöl benetzen. Zunächst mit Alufolie zugedeckt bei 180 Grad im Ofen eine halbe Stunde backen. Die Folie dann entfernen und das Gratin noch 10 Minuten bräunen.

3

SCHWARZE ORECCHIETTE

Diese Öhrchennudeln verdanken ihre Farbe (und ihren kräftigen Geschmack!) *grano arso*, Mehl aus verbranntem Hartweizen. Aus den auf dem abgebrannten Feld gelesenen Getreidekörnern. Einst Arme-Leute-Küche, heute gesuchte Spezialität. Hier mit Puffbohnensauce.

Für vier bis sechs Personen:
300 *g* farina grano arso *(ersatzweise Hartweizenmehl), ½ TL Salz. Sauce: 1 Zwiebel, 2 Knoblauchzehen, 4 EL Olivenöl, 100 g getrocknete Puff- (Sau-)bohnen, Rosmarin, Balsamico, 200 g süße Oliven (s. S. 99), Caciocavallokäse zum Reiben*

Mehl, Salz und Wasser (ca. ¼ l) zu einem weichen, nicht klebrigen Teig kneten. Nach 30 Minuten Rollen formen, davon dünne Scheiben schneiden, in der Handfläche mit dem Daumen zu Öhrchen formen.
Für die Sauce die über Nacht eingeweichten Puffbohnen mit in etwas Öl angedünsteter Zwiebel, Knoblauch und Rosmarin und von Salzwasser bedeckt weich kochen. Mit so viel Kochsud wie nötig zur glatten Sauce pürieren. Mit Balsamico abschmecken. Zum Servieren die Orecchiette bissfest kochen, mit der Sauce mischen und die entsteinten, heißen Oliven unterrühren. Mit frisch geriebenem Caciocavallo bestreuen (halbfester Käse aus Kuh- oder Schafsmilch) und einem Schuss Olivenöl beträufeln.
Orecchiette mit Rapa, dem Puglieser Lieblingsgemüse: die Rapa grob hacken, mit Knoblauch in Olivenöl andünsten. Die halbgar gekochten Orecchiette zufügen, alles 10 Minuten schmurgeln. Abschmecken.

4

STRACCINATI MIT TOMATEN

Eine Pasta, die aussieht wie platt gedrückte Orecchiette, ebenfalls mit dem dunklen *grano arso* hergestellt. Man kann sie in Süditalien fertig kaufen. Hier angemacht mit einem leichten Tomatensugo mit wilder Rucola.

Für vier bis sechs Personen:
500 g rustikale Pasta, Salz, 1 große, rote Zwiebel, 2-3 Knoblauchzehen, 3-6 EL Olivenöl, etwas glatte Petersilie, 1-2 Glas (ca. 400 ml) Tomatenpüree, Pfeffer, 1 TL Origano, 2 Handvoll Rucolablätter, 50-100 g Caciocavallokäse

Die Pasta in Salzwasser bissfest kochen. Unterdessen die fein gewürfelte Zwiebel mit gehacktem Knoblauch im Olivenöl weich dünsten, gehackte Petersilie mitdünsten, bevor mit Tomatenpüree abgelöscht wird. Salzen, pfeffern, Origano zerrebeln und einrühren. Leise etwa 10 Minuten köcheln. Die tropfnasse Pasta zufügen und mindestens fünf Minuten mitschmurgeln. Nochmals abschmecken und am Ende, kurz vor dem Servieren erst, die Rucola untermischen. Auf dem Teller mit grob geraffeltem Caciocavallokäse bestreuen und mit einem guten Schuss Olivenöl beträufeln.
Tipp: Zur herzhaften, bodenständigen Pasta gehört ein kraftvoller Wein. Ideal zum Beispiel der geschliffene Negro Amaro von der Masseria Maimé im Salento (gehört zur Fattoria Tormaresca der Familie Antinori): dicht, dunkel, mit einer Fruchtigkeit, die an Maraskakirschen erinnert, schokoladig üppig und mit einem leichten Bitterton.

3

4

BIOLOGISCH-DYNAMISCHE LANDWIRTSCHAFT: VON DER TRADITION ZUR MODERNE

Inmitten der Olivenhaine kann man die »Masseria Lama di Luna« kaum ausfindig machen – sie duckt sich so in eine Mulde, dass sie fast darin verschwindet, nur 40 Kamine lugen hervor: Für die Halbpächter *(mezzadri)*, die mit ihrer Familie im Hof untergebracht waren, gab es jeweils einen etwa 20 Quadratmeter großen Raum mit Kamin. Heute sind darin Gästezimmer eingerichtet, denn Pietro Petroni hat ein einfaches, aber wunderschönes, mit Liebe geführtes Hotel in einem Teil der weitläufigen Gebäude untergebracht. 1991 hatte er das heruntergekommene, im Rahmen der Auflösung der Pachtverträge in den 1950er- und 60er-Jahren den einstigen Pächtern überlassene Gut erstanden, das früher schon im Besitz seiner Familie war, und den Gutsbetrieb auf biologisch-dynamische Produktion ausgerichtet. Agri-Tourismus auf höchstem Niveau! Das Angebot für die Gäste umfasst eine Bibliothek, Führungen durch den Betrieb und in die Umgebung, auch Tagestouren – aber das Schönste hier ist die unglaubliche Ruhe, die sternenklaren Nächte, die frische, köstlich duftende Luft.
Die aus dem 17. und 18. Jahrhundert stammende Masseria umfasst 190 Hektar Land. Die roten, eisenhaltigen Böden am Rande der hier ansteigenden Hügel der Murgia, sind hervorragend – sie wurden in Jahrhunderten von den ärmeren Bauern, den *coloni*, von vielen Steinen befreit, mit denen sie dann ihre Rundhäuser, die *trulli* (siehe Seite 118), errichteten.

Ein Taubenhaus über der Zisterne ziert den Innenhof der »Masseria Lama di Luna«. »Lama« ist ein altes apulisches Wort für Tal, »Luna« (Mond) steht als verbindendes Element für (die biologisch bewirtschaftete) Erde. In der Zisterne wird das Wasser von den Dächern aufgefangen, es dient heute der Bewässerung. Trinkwasser liefert ein artesischer Brunnen, zur Not ist man an das öffentliche Netz angeschlossen. Die Energie für Warmwasser und Heizung liefert eine Solaranlage. Die einfach, aber geschmack- und liebevoll und nach allen Regeln des biologischen Bauens und Feng Shui ausgestatteten Räume sind sogar klimatisiert: Die 250 Jahre alten, handgefertigten Tontrommeln in den Gewölben speichern im Winter die Wärme, im Sommer halten sie die Hitze draußen. Das Gut erzeugt Kirschen und Mandeln, Getreide, verschiedene Gemüse, Wein und Oliven. Die Bäume werden so gezogen, dass die Ernte rasch geht: Man pflückt per Hand mit kurzen Leitern oder vom fahrenden Wagen aus oder schüttelt die Bäume maschinell und fängt die Oliven in Netzen auf. Sie liegen nie auf dem Boden, bleiben gesund und werden rasch zu erstklassigem Olio extra vergine verarbeitet. Einen Teil des Öls vermarktet Pietro selbst, das meiste wird (noch) verkauft und geht anonym in den Handel.

KÄSE: LANDWIRTSCHAFT IM WÜRGEGRIFF

Steinige, magere Wiesen mit ein paar knorrigen Eichen und Mandelbäumchen, dazwischen Hartweizenfelder – das ist die Murge. Die meisten der fürs Überleben zu kleinen Gehöfte der *coloni* sind aufgelassen, verfallen zwischen Brombeerhecken und Kakteen. Selten ein Hof wie die »Masseria Lama di Corvo«, im Tal der Raben, wo Domenico Donato und sein Sohn Carlone Ziegen und Schafe halten und Ricotta und Käse erzeugen. Und was für welche: Klar und reintönig, würzig und doch süß schmecken sie!
Wie lange noch? Die Verwaltungsbehörden haben für die Bauern existenzbedrohende, irrsinnige Entscheidungen verfügt, ohne die Menschen einzubeziehen: Die Murge wurden zum Naturschutzgebiet erklärt, die Tiere dürfen bei Strafe nur noch im Stall gehalten werden. »Machen wir aber nicht!«, sagt Carlone. »Zahlen wir auch nicht!«, ereifert sich Domenico. »Sollen sie uns doch ins Gefängnis stecken!«, fügt Carlone wütend hinzu. «Und die Tiere sollen nicht mehr Zisternen-, sondern nur noch Leitungswasser trinken ...«, er schüttelt den Kopf: »Wenn sie rausgehen, dann schlecken sie die Pfützen aus.« »Und fressen die Brombeertriebe ab, die sonst in ein paar Jahren alles überwuchern würden ...« Wie um Rat zu suchen, blickt Domenico hinauf zum fernen Castel del Monte, das in der klaren Bergluft schimmert.

Jedes Jahr wird der Hof frisch gekalkt – erstens reflektiert die weiße Wand die Sonnenstrahlen und hält so die Hitze des Sommers ab, zweitens sieht dann alles wieder schön sauber aus. Donato und Carlone Domenico setzen voll auf Tradition: Sie nehmen für ihre Käse nur das eigene Lab ihrer Lämmer und Zicklein, die Ricotta lassen sie mit der Milch von Feigen gerinnen – »nur die Spitzen der oberen Triebe geben eine süße Ricotta«, erklärt Domenico. »Die Leute stehen Schlange, warten, miteinander plaudernd, bis zu drei Stunden, um von unserer Ricotta etwas für ihre sonntägliche Tafel zu bekommen.« Was für eine Liebe zum Spitzenprodukt, welche Wertschätzung guter handwerklicher Arbeit!

EIN SONNTAG IN BARI

Die Hauptstadt Apuliens ist allemal einen Besuch wert: Staufer-Kastell, stilbildende Kirchen, elegante Einkaufsstraßen – und die noble, von Napoleons Schwager Murat angelegte Neustadt.

Wie alle italienischen Großstädte hat auch Bari, neben immer mehr Schnellimbissen und Pizzerien, seine gediegenen Restaurants – zur alltäglichen Verpflegung, zum Speisen mit Freunden und Familie, für Feiern, für Geschäftsessen. Nicht schlecht, aber auch nicht so gut, dass man gleich ins Schwärmen geriete. Wahrem Genuss gibt man sich anderswo hin: Abends oder am Sonntag fährt man raus aus der Stadt, ans Meer oder ins offene Land, wo Osterien, Trattorien und Restaurants die lokalen Spezialitäten in so exquisiter Qualität und zu weitaus moderateren Preisen als in der Stadt anbieten, dass sich die Fahrt auf alle Fälle lohnt.

Wer am Sonntag allerdings ein kulinarisches Spektakel erleben will, begibt sich an den Lungomare, die prachtvolle Meerespromenade, die vor und rund um die Stadt am Meer entlangführt. Hunderte von Männern frönen hier ihrer Leidenschaft, die auch noch einträglich ist: Sie angeln, suchen Muscheln und Krustentiere, fangen je nach Jahreszeit *polipi* (Oktopusse) *calamari* und *calamaretti* (große und kleine Kalmare), *sepie* und *seppiolini* (Tintenfische), die sie gleich küchenfertig vorbereiten und verkaufen. Da wird geschwatzt, gescherzt, gelacht, geraucht, ein Schlückchen getrunken, da wird probiert, gehandelt und gefeilscht: Südliche Genuss- und Lebensfreude pur!

Am Sonntag liegt der alte Hafen von Bari, heute Fischerbooten und Yachten vorbehalten, friedlich und still. Doch rundum, auf dem mit Felsklötzen und Steinplatten befestigten Streifen zwischen Meer und Uferpromenade ist mächtig was los: Hier schleudern Männer mit mächtigem Schwung Oktopusse auf den Boden, um sie weich zu machen: Kocht man sie ganz frisch, würden sie hart. (Die kleinen Exemplare braucht man allerdings nicht so zu behandeln – sie sind ohnehin ausreichend zart, ihr leicht knorpeliger Biss wird sehr geschätzt.) Dort steht alle paar Meter eine Gruppe Männer an der niedrigen Hafenmauer um einen Plastiktrog oder einen Eimer, worin es mächtig schäumt. Ständig wird an den Behältern gerüttelt, manche haben sich eine Art Schaukel gebaut, um das Wasser unablässig in schwappender Bewegung zu halten. Was ist da drin? Tintenfische, Kalmare und Sepie, sorgfältig geputzt und in Streifen geschnitten. Sie werden im Meerwasser nicht nur gewaschen, sondern regelrecht ausgelaugt, das macht sie mild und zart – und dann kann man sie, das ist Bareser Spezialität, roh verspeisen! Immer wieder wird ein Stück herausgeholt, ein Streifen abgeschnitten, probiert. Auch manche Kunden können sich nicht zurückhalten, die meisten nehmen aber ihre Portion im Plastikbeutel mit an die heimische Mittagstafel.

KLOSTER AM MEER

Manche Orte erobern sich schon beim ersten Anblick einen Platz im Herzen ihrer Besucher. San Vito mit seinem entzückenden Hafen und dem kleinen Kloster ist dafür ein Paradebeispiel!

Niemand kann sich diesem Zauber entziehen: Ein winziger, stiller Hafen mit bunten Fischerbooten, dominiert von einem Kloster, das dem heiligen Vitus geweiht ist. In der Renaissance erhielt das romanische Gebäude die stattlichen Doppelarkaden, die es wie ein Schloss erscheinen lassen. Tatsächlich wurde ein Trakt der Anlage inzwischen in ein Adelspalais umgewidmet. Das Kloster aber besteht weiter, seine Kirche ist das Gotteshaus der Gemeinde.
Im weltlichen, der Straße zugewandten Teil eine Bar mit Restaurant, in dem nicht nur Badegäste, Hobbyfischer und die unvermeidlichen Radfahrer Stärkung finden, sondern auch Bareser Gäste gerne einkehren. Die Fischersleut hingegen sitzen lieber gegenüber auf der Landzunge, die den Hafen rahmt.

Einige Fischer machen ihre Ware küchenfertig. Was gibt es? Hier einen *cefalo* (= *muggine*, Meeräsche), dort einen *pagro* – oder ist es ein *pagello*, oder ein *sarago?* Überall heißen sie anders (und sind etwas anderes!), die verschiedenen Brassen! Und was man hier als *lucerna* bezeichnet, ist anderswo ein *pesce prete* (Sterngucker), während man in Triest mit *lucerna* einen *capone dalmatico* meint (gestreifter Knurrhahn). Der *capone* wiederum ist hier die *gallinella* (roter Knurrhahn), die in den Marken unter *mazzola* läuft. Alles klar?
Ein paar Taucher laufen mit ihrem Boot gerade aus, ein Fischer wirft seine Angel ins Hafenbecken. Das Wasser ist sauber, Kinder planschen vor dem Kloster am seichten Ufer. Die Boote dümpeln leise vor sich hin. Die Zeit scheint ein wenig stillzustehen …

Auch wenn man durch die Namen der Fische verwirrt ist: Man könnte neidisch werden! Diese Frische und die günstigen Preise lassen jedem Fischliebhaber das Wasser im Munde zusammenlaufen! Allerdings sollte man sich nicht täuschen: Die erstklassigen Fischarten werden anderswo, nämlich in den Städten verkauft, wo das Geld sitzt. Oder an die Fischrestaurants der Umgebung. Da kann man sicher sein, dass man nicht nur absolut frische, sondern auch wohlschmeckende und nicht zu grätenreiche Fische serviert bekommt. Zum allerbesten Haus weit und breit ist es nicht weit – nur knapp vier Kilometer auf der kleinen Straße nach Süden, schon ist man bei »Tuccino«, linkerhand kurz vor Polignano a Mare – siehe nächste Seite. Auf dem Weg dorthin fährt man an fruchtbaren Feldern (links ein riesiges Feld mit Blattpetersilie!) vorbei, die bis unmittelbar an die karstig abfallende Felsküste reichen. Eine geschätzte Spezialität der Region sind Kartoffeln. Dazwischen immer wieder als Geräteschuppen genutzte oder zum Wochenendhaus umfunktionierte trulli, *die runden apulischen Steinhäuser.*

ROH: FRISCHER FISCH!

Wir sind geneigt zu glauben, dass nur Japaner rohen Fisch lieben. Falsch: Zwischen Bari und Brindisi isst man fast alles Meeresgetier am liebsten roh – und das schon seit Jahrtausenden!

Polignano a Mare liegt dramatisch auf einem dreieckig in die Adria ragenden Karstsockel. Die Häuser scheinen aus dem vom Meer umgischteten und zu Grotten ausgespülten Fels zu wachsen. Berühmt ist die Grotta Palazzese, in der man im Sommer hoch über dem Meer speisen kann. Das gleichnamige Restaurant (mit Hotel) ist eine Touristenattraktion – die Preise sind entsprechend; nur für das Gedeck schon mal zehn Euro. Außerdem weiß man, dass die touristischen Gäste niemals wiederkommen ... Man sollte hier also lieber in Begleitung von Einheimischen speisen, damit das kulinarische Vergnügen dem spektakulären Ambiente und der Atmosphäre ebenbürtig wird. Oder man bescheidet sich und genießt allein die Szenerie.

Feinschmecker sind bei »Tuccino« besser aufgehoben. Es sei, so wird behauptet, das beste Fischrestaurant südlich von Rom – wobei man sich fragen kann, ob Rom tatsächlich ein so gutes besitzt. Man muss nur aufpassen, die Abfahrt in der Kurve der Straße nicht zu verpassen. Dann ist alles ganz einfach: Großer Parkplatz, im Entree des Restaurants linkerhand eine Fischtheke – fast vier Meter lang, gefüllt mit Musterexemplaren von frischen Fischen, so dass dem Betrachter die Augen übergehen. Hier wählt jeder aus, was er mag, gibt an, wie er es zubereitet haben will: Roh, in der Salzkruste, gekocht oder gegrillt.

Fast alle Gäste sind hier, um den Fisch roh zu genießen. Unglaublich die Aromen! Der reine Duft nach Meer, nach Jod, nach Algen! »Wir servieren nur das, was man hier schon immer gegessen hat!« Tuccino lacht: »Die Fischer haben sich hier schon immer den ersten Fisch, den sie fangen, roh auf ihr mitgebrachtes Brot geschnitten, sich gleich auf dem Schiff ein paar Scampischwänze in die Focaccia geklemmt ... Wir haben das Ganze nur ein bisschen perfektioniert, nach französischem und japanischem Vorbild edler gemacht.« Sein Erfolg gibt ihm Recht!

Diese traumhaft frischen Goldbrassen wurden geangelt oder an der Leine gefangen – man lässt den Haken sitzen und schneidet die Angelschnur einfach ab, um diese Tatsache zu unterstreichen und den höheren Preis zu rechtfertigen. Der Fachmann erkennt allerdings auch ohne diesen einleuchtenden, aber auch leicht zu fälschenden Beweis, ob der Fisch geangelt oder im Netz gefangen wurde: Nur in ersterem Falle hat er keine Druckstellen und es sitzen alle Schuppen makellos geordnet. Links: Die karstige Küste Apuliens diente vielerorts als Steinbruch – auf Schiffen konnte das Material leicht abtransportiert werden. Heute ist diese Nutzung allerdings untersagt.

POLIGNANO A MARE SCHEINT AUS DEN VOM MEER UMBRAUSTEN FELSEN ZU WACHSEN

Zwischen der historischen Altstadt und dem neueren nördlichen Teil von Polignano spaltet sich die Felsküste und bildet eine Badebucht und Kiesstrand. Weiter nördlich liegt an einer weiteren Bucht »da Tuccino« – ein typisches italienisches Restaurant, cool gestylt, aber nicht kühl. Von der Terrasse, die bei weniger gutem Wetter geschlossen werden kann, blickt man aufs Meer und die Spitze von Polignano. Rund 80 Gäste können im geräumigen Saal bewirtet werden, der Service funktioniert perfekt wie nur in einem Spitzenrestaurant. Ganz links in Alufolie mit einem Hauch Knoblauch, Petersilie und Olivenöl gegarte triglie di scoglio, *feine Felsenbarben. Daneben ein* scorfano, *ein Drachenkopf* (Rascasse), *darüber eine große* triglia, *Rotbarbe. Die Fische wurden vom Rücken her aufgeschnitten das Rückgrat mit den Gräten entfernt und das Fleisch herausgelöst, aufgeschnitten und angemacht: in feinen Scheiben angerichtet auf Salat und aromatischen Erbsensprossen (im Vordergrund, ihr herbes Aroma passt ideal zum fast süß wirkenden Fisch!) der* scorfano, *belegt mit ein paar hauchdünnen Scheibchen* musciame *(eingesalzenem, luftgetrocknetem Thunfisch) und mit Olivenöl beträufelt; in Streifchen die* triglia, *mit ein paar Tropfen Zitronensaft und Olivenöl, serviert mit frisch gekeimtem Schnittlauch – und den köstlichen Blüten von Löwenmäulchen!*

GROTTA PALAZZESE – BLICK ÜBER DAS MEER UND DIE HEROISCHE STADT AUF DEM FELS

Vom Restaurant »Grotta Palazzese« hat man den atemberaubenden Ausblick, im Restaurant »da Tuccino« den spektakulären Fisch. Roh! Ebenso die Meeresfrüchte: In der Mitte scampi *und* gamberoni viola di Gallipoli, *die leuchtend rotvioletten, nur in Südapulien heimischen Garnelen. Im Hintergrund verschiedene Muscheln (die Austern kommen aus Frankreich). Davor* allievi, *wie die* seppioline, *kleine Tintenfische, hier genannt werden, sowie zwei* polpetti, *kleine Oktopusse – auch alle roh! Wunderbar süß und zart die* allievi, *mit knackigem Biss die* polpetti. *Man verspeist sie mit etwas Brot und Olivenöl. Dazu schmeckt ein Sauvignon aus dem Salento, präsentiert von der Sommelière, die aus der reichhaltigen Weinkarte klug vorzuschlagen versteht. Ein säurefrischer Weißwein der Region, aus dem nahen Locorotondo, harmoniert bestens mit dem* fragolino, *einer Rotbrasse, auf Rettichsprossen angerichtet. Deren pikante Schärfe bildet einen reizvollen Kontrast zum in Zitronensaft marinierten Fisch. Gewürzt wurde mit buntem Pfeffer, Olivenöl und* musciame.

IM LAND DER TRULLI

Rund 1000 der steinernen Rundhäuser stehen in Alberobello – und gehören zum Weltkulturerbe. Über Zehntausend sind es in Apulien: Sie werden auch heute noch bewohnt und neu gebaut!

Die Bauweise soll aus Vorderasien stammen. Warum sie sich aber gerade hier durchgesetzt und gehalten hat, ist rätselhaft. Vielleicht, weil das Baumaterial nicht mühsam gebrochen werden musste, sondern beim Säubern der Äcker anfiel. Allerdings erforderte der Bau Geschick: Wandernde *trullari* halfen dabei, schichteten einen inneren und einen äußeren Mauerring mörtellos, stopften dazwischen zur Isolation Stroh und Erde – zwei Meter sind die Mauern stark, halten die Räume im Sommer kühl und im Winter warm. Für die Decke ließ man jede Lage Steine nach innen etwas überkragen, so dass eine Kuppel entstand; der Schlussstein trug die Signatur der Handwerker. Darauf wurde die Spitze gesetzt, weiß gekalkt und mit Zeichen versehen, die bis heute nicht entschlüsselt sind. Vergrößerte sich die Familie, baute man einfach einen weiteren *trullo* daneben.

Eine wunderbarer alter Gemischtwarenladen in Martina Franca bietet die Produkte von ortsansässigen Bauern, Korbmachern, Wildkräuter- und Pilzesammlern an. Leider findet man so etwas nur noch selten. Die Städte im Landesinneren konnten sich ihren ursprünglichen Kern bewahren. Nach einer Phase der Vernachlässigung wird jetzt nach und nach alles wieder restauriert und liebevoll gepflegt.

TERRE BOLOGNESI
COALFA
COALFA
S. ADRIANO

Kanäle zwischen den Spitzdächern leiteten das Wasser in eine Zisterne. Fenster brauchte man nicht (erst seit 100 Jahren werden sie eingebaut). Auch einen Kamin oder Ofen haben die *trulli* erst seit neuerer Zeit. Vielleicht haben aber auch die Messapier, die neben den Dauniern und Peuketiern vor etwa 3000 Jahren aus Illyrien, also vom Balkan, über die Adria einwanderten, diese Bauten bevorzugt. Sie siedelten rund um das zentrale Valle d'Itria, während sich an der Küste bald die Griechen einnisteten. In der Magna Graecia lebte es sich besser als in der alten Heimat. Ab dem 3. Jh. vor Christi erschlossen die Römer das ganze Land systematisch und bauten Straßen, Acker- und Weinbau, Viehzucht und Handel blühten. Mit dem Einfall

Links eine neuere, exakt gemauerte, noch nicht vollendete Luxus-Trulli-Anlage zwischen Ceglia Messapica und Martina Franca. Unten der barocke Dom dieser Stadt, daneben eine prachtvoll gestaltete Vignette mit den Zeichen der Zünfte.

WECHSELBAD ZWISCHEN BLÜTE- UND NOTZEITEN

der Germanen jedoch sanken die Städte in Trümmer, das Land versteppte, Malaria breitete sich aus. Erst mit den Normannen ging es nach der Jahrtausendwende wieder aufwärts, danach erlebte Apulien unter den Staufern eine neue Blütezeit. Doch auch die war nicht von Dauer: Die Sarazenen plünderten die Küstenorte, die Bewohner flohen auf die Höhen – so wurde zum Beispiel die Stadt Martina Franca von Flüchtlingen aus Tarent gegründet. »Frei« wurde sie unter den Anjou: Sonderrechte sollten die wirtschaftliche Entwicklung fördern. Das gelang, das Handwerk boomte, die Stadt blühte auf und bekam ihr prachtvolles barockes Erscheinungsbild. Doch gewann die Familie Caracciolo bald wieder feudale Macht, beutete die Bürger aus und errichtete vom erpressten Geld ihr luxuriöses Schloss. Heute ist es das Rathaus.

DIE WEISSE STADT

Ostuni steigt blendend wie ein Traumgebilde aus dem silbrig flirrenden Olivenlaub. Die uralten Bäume unterhalb der auf einem Hügelsporn erbauten Stadt gelten als die schönsten Italiens.

Ostuni ist noch Trulli-Region – zwischen den mächtigen Olivenbäumen entdeckt man immer wieder gepflegte Ansammlungen von Rundhäusern. Einige wurden sogar zu Hotels oder Ferienhäusern umfunktioniert, die man mieten kann. In den blendend weißen und dennoch heimeligen Gassen von Ostuni fühlt man sich manchmal an Griechenland oder sogar arabische Dörfer erinnert.

Jedes Jahr werden die Häuser, die Mauern, die Treppen, teilweise sogar die Straßen weiß gekalkt. Das schützt vor der Hitze und bringt mehr Licht in die engen Gassen, außerdem werden geflickte, unschöne Stellen übertüncht. Nur die Fassaden der Kirchen und Klöster behalten die natürliche Farbe ihres warm leuchtenden Steins.

Ostuni, eine messapische Gründung, war immer begünstigt, weil es oberhalb des Malariagebiets und außerhalb des von den Piraten überfallenen Küstenstreifens lag. Von den Ruinen der einst bedeutenden Stadt Egnazia im Norden, die aus unerfindlichen Gründen unterging, bis Brindisi im Süden überblickt man von hier rund 60 Kilometer Küste. Sie wurde kontrolliert von befestigten Wachttürmen – nach ihnen heißen heute Villensiedlungen, Clubs und Ferienhotels *alle Torre*. In die Felsküste schmiegen

DIE OLIVENBÄUME VON OSTUNI – EIN EINZIGARTIGES ERBE, AUCH WENN SIE KEIN SPITZENÖL LIEFERN

sich lauschige Badebuchten – teilweise mit Sandstrand –, es gibt Golfplätze und eine erstaunliche Zahl von luxuriös ausgebauten Masserien (etwa »Torre Coccaro«, siehe Seite 7).
All ihre Gäste tummeln sich gern in Ostuni, wo zahlreiche Boutiquen, Souvenirshops, Imbissbuden, Bars und Restaurants um die Gunst der Kundschaft buhlen – und so muss man sich nicht wundern, dass nur wenige Häuser das halten, was sie versprechen …
Der wahre Schatz von Ostuni sind die Olivenhaine, die sich unterhalb der Stadt ausbreiten. Die knorrigen, skurril verdrehten Bäume sind hunderte, manche über tausend Jahre alt. Ihre Früchte sind so klein, dass eine Handernte sich nicht lohnt. Deshalb schüttelt man die Zweige mit Stangen. Fallen die Früchte in darunter ausgelegte Netze und arbeitet man schnell, kann man ein ordentliches Öl gewinnen. Kehrt man die auf den Boden gefallenen Oliven einfach zusammen, gibt es nur Lampantöl für die Industrie. Das wird zu geschmacklosem »reinem« Olivenöl raffiniert und mit ein wenig Olio extra vergine verschnitten, um ihm wenigstens ein bisschen Aroma zu geben.

In der Altstadt von Ostuni versteckt sich ganz oben ein kleines, aber sehr feines Hotel: »La Sommita«, gestylt von der Mailänder Firma Culti (das i am Ende wird nur gehaucht!). Die Lage ist einzigartig, die Ausstattung der Bäder und Zimmer traumhaft. Manche (der klimatisierten) Räume haben, traditionell in Apulien, kein Fenster, sondern nur den Eingang – wenn der aber auf eine große private Terrasse mit Liege, Sonnensegel und sensationellem Ausblick geht, vermisst man nichts!
Den wie in vielen apulischen Städten dreieckigen Hauptplatz von Ostuni ziert die gewaltige, 21 Meter hohe, spätbarocke Guglia di Sant'Oronzo, die Säule des Schutzpatrons des Ortes.

BRINDISI

Diese Hafenstadt markierte den Endpunkt der Via Appia und das Tor zum Orient. Im Mittelalter zogen von hier die Kreuzritter übers Meer. Noch heute ist es der größte Fährhafen Süditaliens.

Wie ein Hirschgeweih umfassen zwei Landzungen die fast geschlossene Hafenbucht, von den messapischen Gründern deshalb Brunda (Hirschkopf) genannt. Aus dem römischen Brundisium wurde Brindisi, seit dem Bau des Suezkanals wieder bedeutender Handelsplatz. Lange dämmerte die Stadt im Korruptionssumpf des Mezzogiorno und verfiel. Inzwischen werden überall in der Altstadt Häuser renoviert, der Durchgangsverkehr wurde aus der Innenstadt verbannt, der Corso Garibaldi mit Palmen gesäumt und zum Flanieren freigegeben. Straßencafés, Bars, Geschäfte laden ein. Zwar erschreckt noch immer das brutal mitten in die Altstadt geklotzte Theater mit seiner wellblechartigen Fassade den Besucher. Doch wenigstens wird es seit fünf Jahren auch bespielt, nachdem es seit seiner Fertigstellung in den Siebzigerjahren weitgehend ungenutzt geblieben war. Kultur besiegt korrupte Politik?

Nicht weit vom Hafen, an einem hübschen, kleinen Platz, die »Trattoria Pantagruele«. Drei schlichte, schmale Räume nebeneinander, ein paar Tische auch davor. Armando Brenda, der Patron, begrüßt schwungvoll seine Gäste. »Antipasti?« Und dann wird eine endlose Parade von Vorspeisen aufgetischt, zwölf Gerichte, jedes pfiffig, originell, perfekt: Bitte umblättern!

1

MALTAGLIATI MIT PILZEN

Cardoncelli heißen diese festfleischigen, unglaublich wohlschmeckenden Pilze, weil sie in der Nähe von Karden (Spanische Artischocken) wachsen. Und *maltagliati* sind die »schlecht« geschnittenen Nudeln aus Hausfrauenhand.

Für vier bis sechs Personen:
Pasta: 200 g Vollkornmehl, 200 g Hartweizenmehl, 4–6 Eier. Pilze: 1 Zwiebel, 2 Knoblauchzehen, 2–3 EL Olivenöl, glatte Petersilie, 1–2 Chilischoten, 500 g Pilze, 1 Tasse Tomatenfleisch, Origano, Salz, Pfeffer, Pecorino zum Bestreuen

Mehl, Eier, ½ TL Salz und so viel Wasser wie nötig zu einem weichen Teig kneten. Eine halbe Stunde ruhen lassen. Nicht zu dünn ausrollen und mit dem Zackenrädchen in Flecken schneiden. In Salzwasser bissfest kochen. Inzwischen Zwiebel und Knoblauch fein hacken, im Öl weich dünsten, Petersilie und winzig gewürfelte Chilis zufügen. Die Pilze in Scheibchen schneiden, kurz mitbraten, Tomatenfleisch angießen und Origano zufügen. Nach einigen Minuten die bissfest gekochten Maltagliati untermischen und zwei bis drei Minuten mitschmurgeln lassen. Abschmecken. Auf dem Teller mit frisch geriebenem Pecorino bestreuen.

Vorige Doppelseite, von links: Tempura von Gemüsestreifen und frittierte Kartoffelbällchen; überbackene Miesmuscheln; Tomatentöpfchen mit geräucherter Ricotta; Fischrisotto mit Safran und einem Hauch von Curry sowie Dill; marinierte Sardellen auf sanftem Zwiebelgemüse, mit dem Duft von Sternanis und Wacholder; Filoteigröllchen, mit Fenchelcreme gefüllt, dazu eine rohe Fenchelscheibe; Carpaccio von der Zahnbrasse mit süßlicher Senf-Dillsauce; Bällchen von gehacktem, gekochtem Oktopus und Apfel, gebunden mit Semmelbröseln, die mit einer Spur von Essig angefeuchtet wurden; Paprikastreifen, in Engelshaar gewickelt und frittiert, Salat von rohen Steinpilzen mit Pecorino und schließlich rohe Garnelen auf Rucola. Antipasti, wahrlich im Plural! Wer sich zu zweit danach nur noch je ein Primo und ein Secondo teilt, findet bei Wirt Brenda gottlob Verständnis. Anschließend ist ein Verdauungsspaziergang angesagt, etwa zur endlich nach langen Jahren der Restaurierung wieder an ihren angestammten Platz zurückgekehrten Colonna Romana, die den Endpunkt der Via Appia markiert (die zweite Säule wurde 1666 der Stadt Lecce geschenkt, die ihren Stadtpatron Oronzo darauf plazierte), und dann weiter, die breite marmorne Virgilstreppe hinab zum betriebsamen Hafen.

2

ORANGEN-MOUSSE

Federleicht, cremig und sanft – ein frisches Winterdessert
Garniert mit kandierten Orangen, die leicht gemacht sind,
vorausgesetzt man erwischt gute, unbehandelte Früchte.

Für vier bis sechs Personen:
3 Eigelb, 100 g Zucker, 1 Bio-Orange, 2 EL Orangenlikör,
2 Blatt Gelatine, 200 g Sahne, gehackte Mandeln.
Kandierte Orangenschalen:
2 Bio-Orangen, 200 g Zucker

Eigelb und Zucker im Wasserbad heiß und dickcremig schlagen. Saft, abgeriebene Schale der Orangen und Likör einarbeiten. Die eingeweichte Gelatine darin auflösen. Unter die abgekühlte, eben gelierende Masse steife Schlagsahne ziehen. Im Kühlschrank erstarren lassen. Zum Servieren Nocken abstechen und in Dessertschalen anrichten. Mit Mandeln bestreuen und mit kandierten Orangenschalen garnieren.
Dafür die Schale dünn abschälen, in feine Streifen schneiden und einen halben Tag in kaltes Wasser legen. Alsdann nass, wie sie sind, in einer großen Teflonpfanne verteilen und mit Zucker bestreuen. Auf kräftigem Feuer schmelzen, dabei umrühren. Ab einem bestimmten Moment (nach ca. 2 Minuten) legt sich der Karamell um die Orangenschalen und verfärbt sich. Dann unverzüglich vom Feuer ziehen und auf ein Backblech schütten. Mit einem Holzlöffel vereinzeln und abkühlen lassen.

I

2

WIE MAN EIN BRINDISI MACHT UND WO DIE HAUSFRAUEN EINKAUFEN

Dass ihre Gäste meist auf der Durchreise sind, daran sind die Einwohner von Brindisi seit Jahrtausenden gewöhnt. Vielleicht, weil Menschen, die Abschied nehmen, es gern krachen lassen, sich zuprosten und auf die Zukunft trinken, ist der Name der Stadt geradezu zum Sprichwort dafür geworden: *fare un brindisi* bedeutet, wie in der »Traviata« vorgeführt: das Glas heben und einen Trinkspruch aufsagen. Und der muss sich reimen und im Rhythmus eines Limericks gehalten sein.

Zum Gemüsemarkt der Stadt steigt man eine breite Treppe hinauf, dort weitet sich ein Platz, von properen Wohnhäusern gesäumt, von deren rosa Anstrich man förmlich noch die Farbe riechen kann, so frisch ist er. Auch die beiden auf filigran verzierten Gusseisensäulen gestützten Markthallen, die dort nebeneinander stehen und einen großen Teil der Fläche überdachen, wurden erst kürzlich sehr sorgfältig und mit viel Aufwand restauriert: Sie sind wahre Schmuckstücke!

Hier ist täglich Markt, zum Wochenende hin ist auf dem ganzen Platz Betrieb. Nur Produkte der Region finden sich hier und das Angebot ist absolut saisonal. Da gibt's im späten Herbst die ersten Artischocken, Fenchel, grünen Blumenkohl und rote Zwiebeln, fast schon winterliche Gemüse also. Und natürlich *peperoncini,* die Chilis, die man für scharfe Pastasaucen, die *sughi,* braucht. Als Delikatesse gelten die *lampascioni,* eine Puglieser Spezialität: die Zwiebeln der wild wachsenden Schopfigen Traubenhyazinthe, die man eine Nacht in kaltem Wasser liegend entbittern muss, bevor man sie kocht, oder besser noch in Asche gart und dann mit Salz sowie Olivenöl verspeist. Orangen sucht man hier vergebens, weil sie an der adriatischen Seite des windumtosten italienischen Stiefelabsatzes trotz der südlichen Lage nicht gedeihen. Und die Zitronen sind aus Argentinien importiert – als ob das näher läge als Sizilien. Traurig präsentiert sich die eher karge Auswahl in der Fischhalle, alles blitzblank und vermutlich nach den neuesten Hygienerichtlinien der Europäischen Union modernisiert, aber leider ohne jeden Charme. Um Fisch zu bekommen, geht man lieber an den Hafen, wo die Fischer ihre Buden aufgebaut haben.

BAROCKES WUNDER

Lecce ist ein einziger Traum aus wunderschön gefärbtem, reich behauenem Stein. In selten anzutreffender Geschlossenheit wurde fast die ganze Stadt in ihrer Blütezeit in einem Stil errichtet.

Lecce muss Ende des 17. und Anfang des 18. Jahrhunderts eine einzige Baustelle gewesen sein! Dom, Klöster und Priesterseminare, Kirchen, Adelspaläste und Bürgerhäuser reihen sich in geordnetem, großzügigem Maß zu einem geschlossenen Stadtbild – im Barock liebte man die Geometrie. Freilich war das alte, der Sage nach flüchtigen Trojanern zur neuen Heimat gewordene und unter Hadrian und Trajan blühende Lecce von den Goten gründlich zerstört worden. Unter der Herrschaft von Byzanz hatte die Stadt wenig Bedeutung, gewann ihre den ganzen Süden Apuliens beherrschende Stellung erst im Feudalismus – und mit der Dominanz der Kirche. Karl V. befestigte die Stadt mit einem gewaltigen Kastell. Nach dem Niedergang der Küstenorte, die unter den Angriffen der Türken litten, entwickel-

Der hiesige Sandstein ist weich, daher für feine Arbeiten geeignet. Trotzdem wirkt der Lecceser Barock nicht überladen, sondern zart und harmonisch. Der Stein schimmert im Morgenlicht weiß, gegen Mittag rötlich, im Abendlicht fast golden. Die Augen können sich kaum satt sehen an den reichen Formen, feinen Girlanden, prächtigen Vasen, eleganten Statuetten sowie den aufgeplatzten Granatäpfeln, die überall als Symbol der Üppigkeit auftauchen. Lecce ist auch die Stadt der Pappmaché-Figuren und in den Bars und Cafés laden köstliche, arabisch beeinflusste Süßigkeiten zum Sündigen.

te sich hier ein wohlhabendes Bürgertum, das wie das landwirtschaftlich reiche Umland regelrecht ausgebeutet wurde, um die Pracht der Stadt zu finanzieren. Die barocken Baumeister nahmen auf die römischen Ruinen keine Rücksicht: Das 25 000 Zuschauer fassende Amphitheater unter der Piazza Oronzo konnte in der Neuzeit nur teilweise freigelegt werden, es ist barock überbaut. Daneben entdeckt man eine venezianisch anmutende Loggia: Kein Wunder, der aus Venedig stammende Bürgermeister Pietro Mocenigo ließ sie 1592 neben der schon mit dem geflügelten Löwen geschmückten Kirche San Marco als Rathaus bauen. Venedig besaß auch im Hinterland Einfluss! Ihre Schönheit schützt die Stadt aber nicht vor Problemen: Der Rückgang der Bevölkerung war bis vor kurzem fast dramatisch. Inzwischen hat man Abhilfe gefunden: Was früher die Seminare leisteten, haben Universität, Hoch- und Fachschulen übernommen. Lecce ist wieder eine lebendige, von der studierenden Jugend geprägte Stadt!

PASTA CAVALIERI

Hartweizen ist ein apulisches Basisprodukt – für Pasta und Brot. Die besten Qualitäten wachsen auf den ärmsten Böden in höheren Lagen: Die Körner bleiben zwar klein, sind aber gehaltvoll.

»Beim Getreide ist es nicht anders als beim Wein!«, sagt Benedetto Cavalieri, der »Ritter der Nudeln«, wie er wortspielerisch und respektvoll in Italien genannt wird: »Je schwieriger die Wachstumsbedingungen, desto besser das Produkt.« Seine Pasta sind über jeden Zweifel erhaben, werden auf der ganzen Welt gehandelt. »Die Amerikaner lieben die dünnen *capelli d'angelo,* das Engelshaar, weil dieses in nur eineinhalb Minuten gar ist – Zeit ist bei denen halt Geld!«, lacht er. »In Italien hat niemand was dagegen, wenn die *spaghettone,* die eigentlichen, dicken *spaghetti,* sogar eine Viertelstunde brauchen. Dann hat man auch die Zeit, einen guten *sugo* zu kochen.« Er deutet auf einen alten, hölzernen Tro-

ckenofen: »Diese Anlage war schon für ein Museum bestimmt, wir haben sie aber neu aufgebaut, um unsere *ruote pazze* (»verrückte Räder«) zu trocknen. Das ist schwierig, denn sie haben drei verschieden starke Partien und müssen langsam trocknen, 50 Stunden lang. Nur in der alten Darre geht das perfekt, in den neuen Apparaten verziehen sie sich und bekommen keinen Charakter, keine kulinarische Finesse ... Unsere Vorfahren wussten schon, wie man gute Sachen macht!« Stundenlang kann Benedetto über Nudeln erzählen: Über die Sauce gut annehmende Oberflächen, kernigen Biss (»nur al dente gekochte Pasta ist gesund«), über Bio (»bringt keine bessere Qualität«), Verträglichkeit (»schnell getrocknete Pasta verschleimt den Magen«), den Schmelz seiner Pasta ...

Die Welt der Kleinstadt Maglie, südlich von Lecce in der Terra d'Otranto gelegen, scheint noch intakt zu sein: Das ideale Umfeld für eine Fabrik, die auf traditionelle Weise arbeitet, aber sieben Tonnen Pasta pro Tag herstellt. Die Fabrik steht mitten in der Stadt und Benedetto zögert, trotz der Enge, sie an den Rand zu verlegen: Es könnte sich negativ auf die Qualität auswirken, die Wurzeln des 1918 von seinem Großvater hier gegründeten Betriebes zu kappen. Der »Antico Pastificio Benedetto Cavalieri« produziert rund 50 verschiedene Nudelsorten, die sich durch eine raue Oberfläche auszeichnen, weil sie durch bronzene Matrizen gepresst werden. Solch lange Spaghetti perfekt zu trocknen, dauert lange. Sie müssen ständig in Bewegung sein, mal den heißeren, mal den weniger heißen Teil des Trockenofens durchfahren: So bekommen sie ihren Schmelz, weil sie wie in der Sonne und im Wind trocknen!« Das schmeckt man.

APULIEN – OINOTRIA

»Weinland« nannten die alten Griechen den Stiefel – und meinten damit nicht die Toskana, sondern vielmehr Apulien: Wein ist ein bedeutendes Kulturgut des Landes, im wahrsten Sinne des Wortes.

Der Winzer kultiviert das Land, beschneidet und hegt den Rebstock, presst die Trauben, lässt den Saft kontrolliert vergären, klärt und stabilisiert den Wein. Wein entsteht nicht von selbst, ist kein Produkt der Natur. Wein braucht das Eingreifen und die lenkende Hand des Menschen, um zu gelingen. Eines Menschen wie Severino Garofano vom Weingut Masseria Monaci bei Copertino im gleichnamigen Weinbaugebiet: »Die Trauben sind die Basis – sie sind es, die den Charakter des Weins bestimmen und meine Arbeit lenken. Bei internationalen Firmen ist das anders: Da stören die Trauben doch nur beim Weinmachen!« Er lacht verschmitzt, die Härte seiner Aussage abmildernd. »Aber,« meint er ernsthaft, »nur wer das Basismaterial kennt und um seine Eigenschaften, Stärken und Schwächen Bescheid weiß, kann einen guten Wein machen.« Er greift zu einem Hartweizenbrötchen, das zweifach gebacken und mit einem Draht aufgeschnitten wurde, taucht es zwei Minuten in kaltes Wasser, gibt Knoblauch, Olivenöl und Tomaten darauf: »Das sind Friselle – auch *salvaviva* genannt, weil sie in harten Zeiten zu überleben halfen …« Er isst mit offensichtlichem Genuss, und fährt fort: »Lange wurden hier nur billige, dunkle Massenweine für den Verschnitt zu dünn geratener Chianti und Co produziert. Heute sind Primitivo (der dalmatinische Plavac), Negroamaro, Nero di Troia, Susumaniello und andere gesuchte Spezialitäten.«

DIE PERLE DER ADRIA

Dubrovnik, jahrhundertelang Ragusa genannt, kann man als eine Art Weltwunder bezeichnen: Traumhaft schön liegt die am besten erhaltene Festungsstadt Europas an der Felsküste Dalmatiens!

Im 7. Jahrhundert gegründet auf einem durch einen schmalen Meereskanal vom Festland getrennten Felsen namens Rausa, schließlich Ragusa. Der Insel gegenüber ein Hain, slawisch *dubrava,* wo sich die slawische Bevölkerung ansiedelte. Die beiden Siedlungen wuchsen zu einer Stadt zusammen, der trennende Kanal wurde im Mittelalter zugeschüttet – heute ist dies die breite Hauptstraße der Altstadt, Stradun oder Placa (*plaßa* ausgesprochen): Der Salon der Stadt, wo das Leben tobt, wo man sich zeigt, flaniert und flirtet, einkauft und seinen Kaffee trinkt. Zunächst stand Ragusa unter dem Schutz von Byzanz, mit Beginn des 13. Jahrhunderts geriet es unter venezianische Herrschaft. Mit breiten und behäbigen Schiffen trieb man Handel und kam zu Wohlstand. Eine geschmeidige, sich den wechselnden Machtverhältnissen anpassende Politik verschaffte der Stadt schließlich Selbstständigkeit – als Adelsrepublik, deren Regierung durch den Rektor (slawisch *Knez)* geführt wurde: Für jeweils nur einen Monat wurde er

Die jahrhundertealten Steinplatten der Placa, der Lebensader Dubrovniks, zeigen zauberhaften Glanz, auf den Felsen unter den Befestigungsmauern herrscht reger Badebetrieb, in der Vorhalle des Rektorenpalastes ruhen sich die müden Touristen aus und vor den Stadttoren werden getrocknete Feigen mit Lorbeerblättern angeboten.

gewählt, um jegliche Vetternwirtschaft zu unterbinden. Man setzte auf Verhandlungsgeschick statt Krieg, zahlte dem ungarisch-kroatischen König ebenso Tribut wie den Osmanen, kaufte lieber Land, als es sich zu erobern.

Aber Ragusa wusste: Um bestehen zu können, muss es sich zu wehren wissen. Daher zog man um die Stadt schon ab dem Mittelalter einen immer stärker befestigten, schließlich beispiellosen Festungswall, der nie zerstört wurde. Im 15. und 16. Jahrhundert erlebte der Stadtstaat eine goldene Epoche: Die Straßen waren mit Steinplatten gepflastert – die Placa seit 1468; die in Jahrhunderten blank gelaufenen Steine haben inzwischen einen zauberhaften Glanz! In den imposanten Festungen und Mauern zeugen Klöster, Kirchen, Brunnen, Stadtloggia, Sponza-Palast (ehemaliges Zollamt und Münze) und Roland-Statue (1418 als Schutzheiliger des freien Handels aufgestellt) von dieser großen Zeit. Kanalisation, Toiletten- und Abfallentsorgung sowie Gesundheitswesen (im Franziskanerkloster von 1317 eine der ältesten Apotheken, kostenlose Arztbesuche) waren beispielhaft organisiert.

Die Entdeckung der neuen Welt veränderte die Handelswege, die Waren des Ostens gelangten nicht mehr über die Adria nach Europa – ein langsamer Niedergang begann, vergleichbar dem Venedigs. 1667 wurde Ragusa zudem von einem schweren Erdbeben heimgesucht. In einem enormen Kraftakt wurde die Stadt saniert und bekam ihr heutiges Erscheinungsbild: Kirchen, Klöster und Paläste wurden in eher strengem Barock erneuert, wobei – höchst erstaunlich! – alles einigermaßen Erhaltene sorgsam bewahrt oder restauriert wurde. Die Steinfassaden durften keine Balkone tragen, um Licht in die Gassen zu lassen; Fenstergröße und Geschosshöhen wurden geregelt – daher wirkt die Placa so einheitlich und großzügig.

Seiner Geschichte wegen und weil die kroatische Volksgruppe die Mehrheit der Einwohner stellte, wurde Dubrovnik 1939 dem kroatischen Landesteil

Die Steilküste, die sich von Dubrovnik aus Richtung Südosten erstreckt, ist der begehrteste Stadtteil mit herrlichem Blick auf die befestigte Altstadt. Das arabisch anmutende Gästehaus des Hotels Villa Argentina mit seinen hängenden Gärten bietet kostspielige Appartements, aber auch die anderen Häuser verlangen ihren Preis. Die Grundstücke sind teuer, alles was in Zagreb Rang und Namen hat, möchte hier ein Domizil besitzen. In Dubrovnik kostet ohnehin alles mehr als im übrigen Kroatien, weil die Waren weit aus dem Norden hertransportiert werden müssen. Die Einheimischen stört das wenig: Sie haben den Krieg überstanden, sind endlich frei und wollen das Leben in vollen Zügen genießen. Seit 1995 sind die Zuversicht und die Geburtenrate enorm gestiegen, es herrscht Aufbruchstimmung, eine lebenshungrige Jugend bestimmt die städtische Szene. In der nordwestlich gelegenen Neustadt mit der Universität tobt sie sich aus, hier liegen auch Geschäftsviertel und der Handelshafen, gibt es ein wenig Industrie. In der sauberen, liebevoll gepflegten Altstadt aber geht sie aus – in den kleinen Kneipen, Bars und Cafés der engen Gassen von Dubrova. Und idyllisch trocknen an einem sommerlichen Balkon die Brotreste für eine winterliche Suppe.

DIE MAUERN TROTZTEN DEM KRIEG, HELLROTE DÄCHER ZEUGEN VON IHM

Jugoslawiens zugeschlagen, und das blieb auch in Titos kommunistischem Jugoslawien so. Als Kroatien 1991 seine Unabhängigkeit erklärte, griffen serbische Truppen die Stadt an, die 1979 von der UNESCO zum Weltkulturerbe erklärt worden war. Vom unmittelbar hinter der Stadt aufsteigenden Berg Srđ abgefeuerte Granaten zerschlugen Dächer, brachten Fassaden zum Einsturz, setzten Gebäude in Brand. Wieder war ein

Bis zu 25 Meter Höhe und 12 Meter Stärke haben die zyklopischen Mauern Dubrovniks. Der große Onofrio-Brunnen aus der Mitte des 15. Jahrhunderts diente als Zisterne für das auf den Dächern gesammelte Regenwasser. Unten: Das Hotel »Villa Dubrovnik« an der Steilküste ist in den Fünfzigerjahren als Gästehaus der Regierung gebaut worden, ein architektonisch eindrucksvolles Zeugnis jener Zeit und ein äußerst angenehmes, freundlich geführtes Haus.

ELEGANTE RESTAURANTS UND EINFACHE KNEIPEN

gewaltiger Kraftakt nötig, um die Verwüstungen zu beseitigen. Nur die neuen, in hellerem Rot gedeckten Dächer erinnern heute noch daran.
Dubrovnik ist einer der attraktivsten Orte der Adria, eine von aller Welt besuchte, auch durch ihre gehobenen Preise exklusive Stadt. Tagsüber beherrschen die Touristen die Gassen, aber abends flanieren die Einheimischen auf dem Luža-Platz und ihrer Placa: die halbnackt-unästhetisch und sportlich-schlampig gekleideten Urlauber weichen den sorgfältig zurechtgemachten, modebewussten und eleganten, oft groß gewachsenen und schönen Jugendlichen: Die Cafés und Restaurants bersten vor Andrang, gediegene und flippige Galerien und Boutiquen wetteifern um die Gunst der Kunden, mediterrane Lebenslust erfüllt die Stadt: ein wunderbar vitales Weltkulturerbe!

I

CRÈME CARAMEL

Den beliebten Dessertklassiker serviert man rund um die Adria. Hier mit Sahnetupfer und Minzedekoration. Anderswo einfach vom goldenen Karamell umflossen.

Für sechs Personen:
½ l Milch, 100 g Zucker, 2 ganze Eier, 4 Eigelb, ½ Vanillestange, Mandelöl für die Förmchen

Die Milch mit 50 g Zucker aufkochen. Die Vanillestange 15 Minuten darin ziehen lassen. Aufschlitzen, das Mark herauskratzen und in die Milch rühren.
Eier und Eigelb miteinander verquirlen und durch ein Sieb streichen, um Hagelstränge aufzufangen. Die Eier unter die Milch rühren.
Den restlichen Zucker mit 2 EL Wasser zu dunklem Karamel kochen. In mit Mandelöl ausgepinselte Souffléförmchen oder Tassen gießen, so schwenken, dass Boden, aber auch die Seiten davon überzogen sind. Die Eiermilch einfüllen. Die Förmchen für 60 Minuten in einem Wasserbad in den 120 Grad heißen Ofen stellen, bis die Creme stockt. Abkühlen; erst am nächsten Tag servieren. Dann hat sich der Karamell zu einem leuchtend goldenen Sirup gelöst.

I

2

KIRSCHSTRUDEL

Die österreichische Vergangenheit ist hier in den Desserts noch lebendig: Strudelteig versteht man nach allen Regeln der Kunst hauchdünn auszuziehen.

Für vier bis sechs Personen:
Strudelteig: 200 g Mehl, 1 Prise Salz, 1 EL Öl, knapp ⅛ l lauwarmes Wasser. Belag: 2 Eigelb, 2 EL Puderzucker, ½ TL Zimt, abgeriebene Schale einer halben, unbehandelten Zitrone, 4 EL gemahlene Haselnüsse, 1 gehäufter EL Mehl, 2 EL Zucker, 2 Eiweiß, 1 kg Kirschen. 150 g Butter zum Einpinseln, Puderzucker zum Bestäuben

Mehl, Salz, Öl und Wasser in einer Schüssel zunächst mit einem Holzlöffel vermischen, dann mit den Händen durchkneten. Den weichen Teig in Folie gehüllt an einem warmen Ort eine halbe Stunde ruhen lassen. Danach erneut durcharbeiten, auf einem mit Mehl bestäubten Tuch ausrollen und schließlich über dem Handrücken so dünn wie möglich ausziehen. Eigelb mit Puderzucker dick und schaumig rühren, Zimt und Zitronenschale sowie Haselnüsse und Mehl unterrühren. Das mit dem Zucker steif geschlagene Eiweiß unterheben. Diese Schaummasse auf der Hälfte des Teigblatts verstreichen, die restliche Fläche mit zerlassener Butter einpinseln. Die entsteinten Kirschen auf der Creme verteilen. Den Strudel von dieser Seite her aufrollen, mit Hilfe des Tuchs auf ein mit Backpapier belegtes Blech setzen. Großzügig mit Butter einpinseln. Bei 200 Grad etwa 35 Minuten backen. Währenddessen immer wieder mit Butter einpinseln. Mit Puderzucker bestäubt servieren.

In den Kneipen von Dubrovnik gibt es einfache Gerichte zu moderaten Preisen – man erkennt noch immer, dass hier in kleinen Häusern zwischen engen Gassen die ärmeren Slawen hausten. Auf der ehemaligen Insel, wo die Reichen in Palästen an lichten Straßen wohnten, haben sich elegante Restaurants etabliert. Schon 1886 das Fischrestaurant »Proto«, die luftige Terrasse ist neueren Datums. Wunderbar die Crostini mit Thunfisch, Anchovis und rohem Meeresfenchel, Pasta mit Meeresfrüchten und klassische Desserts. Im Juli entzückt zur Eröffnung der Festspiele ein Feuerwerk.

2

STILLE AM MEER

Eine geschützte Bucht, eine Handbreit über dem Wasser die Terrasse eines Restaurants. Ungestörte Stille. Wenige, schön gedeckte Tische und eine fabelhafte Meeresküche: ein traumhafter Platz!

Wer sich dem »Orsan« mit dem Boot nähert, kann dieses am Anleger in Sichtweite vertäuen und hat es dann im Blick. Die anderen Gäste steigen von der Küsten-Magistrale mit ihrem mörderischen Verkehr eine schmale, endlos scheinende Treppe zur Bucht hinab und tauchen in eine Oase ein. Von einem Schilfdach beschattet, nimmt man an weiß gedeckten Tischen Platz, unmittelbar neben dem Wasser: Hier lässt es sich stets köstlich tafeln! Das traditionsreiche Lokal, nicht weit nördlich von Dubrovnik, das die Familie Gverovičs in der zweiten Generation betreibt, ist bei der verwöhnten Kundschaft der Stadt sehr geschätzt – was allerfrischesten Fisch garantiert.

I

MEERESFRÜCHTE-RISOTTO

Ein Klassiker, den man fast überall an der Adria serviert bekommt – nicht überall mit so perfektem Biss, so cremig und meeresfrisch duftend wie bei »Orsan«.

Für vier Personen:
1 kleine Zwiebel, 2–3 EL Olivenöl, 2 Knoblauchzehen, 2 Petersilienzweige, 250 g Risottorreis, 1 Glas Weißwein, ca. ¾ l leichte Fischbrühe, ca. ½ l Wasser, 400 g ausgelöste rohe Garnelenschwänze, Salz, Pfeffer, Zitronensaft, Cayennepfeffer, 50 bis 70 g Butter

Fein gewürfelte Zwiebel im heißen Öl andünsten, gehackten Knoblauch und Petersilie zufügen, schließlich den Reis. Erst wenn er von Öl überzogen glänzt, schlückchenweise den Wein angießen und immer wieder verkochen lassen. Ebenso nach und nach, kellenweise, die heiße Fischbrühe und so viel Wasser, bis der Reis weich ist, nur ganz innen noch Biss aufweist. Die Garnelenschwänze zufügen und mitköcheln. Alles mit Salz, Pfeffer, Zitronensaft und -schale sowie Cayennepfeffer kräftig würzen. Am Ende die Butter unterrühren. Der Risotto muss cremig sein!

Das Würzgeheimnis des Meeresfrüchte-Risottos im »Orsan«: Er wird zum Teil mit Meerwasser gekocht, allerdings darf es nur eine klar bemessene Menge sein, sonst schmeckt er bitter und wird zu salzig. Zu den in Essig marinierten (nicht gesalzenen!) Anchovis (links) gibt's neben Rucola und Tomate Motar, eine besondere Spezialität des Hauses: die Blätter vom Meerfenchel, gekocht und in Essiglake eingelegt, wie Gewürzgurken. Sie sind knackig, würzig, frisch.

I

2

I

KÄSEKUCHEN

Ein Biskuit, gefüllt mit einer unglaublich köstlichen Creme aus frischer, nicht pasteurisierter Ricotta. Kein Wunder, dass die Gäste dafür von weit ins »Orsan« kommen.

Für sechs bis acht Personen:
Biskuit: 4 Eier, 100 g Zucker, 1 Tütchen Vanillezucker, 1 Salzprise, abgeriebene Zitronenschale, 60 g Mehl, 60 g geriebene Mandeln, Butter und Zucker für die Form.
Füllung: 400 g Ricotta (notfalls Schichtkäse), 2–3 EL Zucker, Zitronenschale, 200 g süße Sahne

Eier mit dem Handrührer in einer Rührschüssel im heißem Wasserbad zur dicken Creme schlagen, dabei den Zucker hinzurieseln lassen, auch den Vanillezucker, Salzprise und Zitronenschale. Dann im kalten Wasserbad schlagen, bis die Masse wieder abgekühlt ist. Mehl und Mandeln unterziehen und ca. zweifingerhoch auf einem mit Backpapier belegten Blech verteilen und glatt streichen. Bei 200 Grad etwa 12 bis 15 Minuten goldbraun backen. Die ausgekühlte Teigplatte quer in zwei Hälften schneiden.
Für die Füllung Ricotta (oder Schichtkäse) glatt rühren (mixen), nach Geschmack süßen und mit Zitronenschale würzen. Die steif geschlagene Sahne unterziehen. Auf der unteren Hälfte des Teigbodens glatt streichen. Die obere Hälfte aufsetzen. Zum Servieren mit Puderzucker beschneien und in rechteckige Tortenstücke schneiden.

Das glitzernde Wasser zu Füßen, die andere Seite der Bucht im Blick, im Glas den kühlen, frischen Pošip Grgić, ein Weißwein von der Insel Korčula, auf dem Teller ein gegrillter Fisch — was will man mehr zu seinem Glück? Aufpassen muss man nur, dass es nicht langweilig wird, weil man dem Fremden immer dieselben als Edelfische geltenden Sorten serviert, die altbekannten Barsche und Brassen — von Loup de mer bis zu den Doraden. Dabei sind die Fische der angeblich »zweiten Kategorie« oft viel interessanter, wie die würzigen triglie*, die roten Meerbarben, oder die Knurrhähnchen und Drachenköpfe. Bei der Zubereitung gibt's wenig Auswahl: sie werden gegrillt, gekocht, gebraten. Oft leider viel zu lang. Immerhin hat die Unart, Fisch nur filiert anzubieten, noch nicht um sich gegriffen: An der Gräte gegart bewahrt er seinen Geschmack und trocknet nicht so leicht aus. Als Sauce gibt's Knoblauchöl, mit dem würzigen, fast süßen hiesigen Knoblauch, Petersilie und aromatischem Olivenöl.*

SALZ & AUSTERN

Wo die Halbinsel Pelješac im Festland wurzelt, liegt Ston. Eine gigantische Festungsanlage bewachte die Salzgärten, schützte die weinreiche Halbinsel und kontrollierte die Küstenschifffahrt.

Im 14. Jahrhundert wurde die Stadt Ston von der Republik Dubrovnik angelegt, fünfeckig, und zum Schutz der wertvollen Salinen – Salz ist weißes Gold! – von ausgedehnten Befestigungsmauern und wehrhaften Bastionen umschlossen. Ragusa hatte damals die gesamte Halbinsel Pelješac erst besetzt, später einfach bezahlt und schließlich (welch Ironie!), eine Schenkungsurkunde darüber bekommen.

Die Festungsmauern führen von Veliki (großes) Ston im Westen, über den Berg nach Mali (kleines) Ston, insgesamt mehr als fünf unwegsame Kilometer lang. Nach dem Ende Ragusas begann man auch diese gigantische Mauer abzureißen, um die Steine als Baumaterial zu nutzen. Ein Erdbeben 1996 durchrüttelte Festungen und Mauer. Doch was von »der chinesischen Mauer Europas« übrig blieb, wie man sie gern bezeichnet, ist noch immer eindrucksvoll. Sie ist auf weiten Strecken begehbar und bietet einen aufregenden Blick. Er reicht über die Salinenbecken, die bereits im 14. Jahrhundert angelegt wurden und in denen man bis heute Salz erzeugt, weit über das Meer bis zur Insel Mljet und im Osten über die Austern- und Muschelzuchtanlagen im Kanal von Mali Ston.

Austern und Muscheln, Mies- und die länglichen Kammmuscheln, die man hier erzeugt, gelten nicht als Luxusgut. Man kann sie im Sommer an improvisierten Buden entlang der Straße kosten, und sie sind es allemal wert. Vor allem die Miesmuscheln mit ihrem fleischigen, gelben Körper sind einfach köstlich! Leider werden sie gern in einer dicken Sauce serviert, die man erst mal rundum abstreifen muss, bevor man an das saftige Fleisch gelangt. Kein Problem, wenn sie, wie in den meisten Fällen, mit Grieß angedickt wurde, der sich nicht auflöst, und daher gut entfernen lässt. Wehe aber, was leider auch passieren kann, wenn die Sauce mit Mehl stabilisiert wurde, dann sind die armen Dinger vom Pamp erstickt und kaum mehr auszugraben ... Man hatte uns ja gewarnt: Esst Austern und die Muscheln roh – dann ist alles gut! Dem ist eigentlich nichts hinzuzufügen.

An den flachen Salinenbecken von Veliki Ston vorbei gelangt man nach Mali Ston, das unterhalb der Festung Koruna in einer kleinen Bucht liegt, ein idyllisch hübscher Hafen. In der Mitte der Hafenfront die Konoba (Restaurant) »Kapetanova Kuča«, die zum Hotel Ostrea gehört. Die Tische auf der Terrasse sind in den Meeresfarben türkis und blau gedeckt. Und die Austern sind in der Tat vorzüglich: große, fleischige, flache europäische Edelaustern (wie Belons), die allerdings, was wirklich sehr verblüfft, nicht, wie gewohnt, in ihrem Wasser liegend auf der unteren, der tiefen Schalenhälfte serviert werden, sondern komplett ausgelöst und auf der flachen, oberen Deckelmuschel angerichtet sind. Vermutlich, weil das Wasser hier so salzig ist. Man kann sie nicht nur roh verzehren, sondern auch gebacken oder gegrillt – das ist Geschmackssache!

I

FISCHPASTETE

So steht's überall eher abschreckend auf den Speisekarten. Dabei handelt es sich um eine ganz leckere Creme aus gedünstetem Fisch, die gut auf Crostini schmeckt – vorausgesetzt, sie ist ordentlich gewürzt.

<u>Für sechs bis acht Personen:</u>
1 Zwiebel, 2–3 Knoblauchzehen, 2 EL Olivenöl, ½ TL wilder Fenchel- oder Dillsamen, 2 EL Tomatenmark, 1 Glas Weißwein, 250 g Fischfilet, Salz, Pfeffer, Olivenöl zum Aufmixen, Zitronenschale und -saft

Zwiebel und Knoblauch fein würfeln und im Öl weich dünsten. Fenchel- oder Dillsamen zufügen, dann Tomatenmark mitrösten. Wein angießen. Den Fisch in dieser Mischung gar ziehen lassen, dabei salzen und pfeffern. Alles im Mixer glatt pürieren, dabei so viel Olivenöl zufügen, dass eine feste Paste entsteht. Mit Zitronenschale und -saft würzen und gut abschmecken. Kalt stellen. Entweder wie auf dem Bild zusammen mit Weißbrot als Vorspeise servieren. Oder auf geröstete Crostini streichen und als Appetithappen reichen. Besonders gut passt wildes Fenchelgrün dazu!

Der Kanal von Mali Ston ist am Südende übersät mit den Pontons der Muschel- und Austernzuchtbänke, so weit das Auge reicht. An ihnen sind die Schnüre und Netze mit der Brut der empfindlichen Weichtiere befestigt, die im sauberen, immer wieder sich austauschenden Wasser dieser geschützten Bucht ideale Wachstumsbedingungen finden. Die Liebhaber dieser Delikatessen kommen zahlreich, Mali Ston gehört bei allen Rundreisen durch Dalmatien auf die Agenda. Nur wenige Kilometer nördlich befindet sich an der Festlandsküste der kaum 15 Kilometer breite Korridor, der Bosnien-Herzegowina seinen heftig erstrittenen Seezugang verschafft, und die 5800 Kilometer lange Küste Kroatiens (inklusive der Inseln!) unterbricht. Die Grenze fällt allerdings bei der Durchfahrt kaum auf.

2

SCHWARZER RISOTTO

Farbe und Duft verdankt der schwarze Reis der Sepiatinte. Manchmal hat man Glück, dann findet man die Beutelchen mit der schwarzen Flüssigkeit auch bei uns in diesen Meeresfrüchten. Sonst kann man sie gefroren im Delikatessladen oder Versandhandel kaufen.

<u>Für vier bis sechs Personen:</u>
1 Schalotte, 1 Knoblauchzehe, glatte Petersilienblätter,
2 EL Olivenöl, 1 Chilischote, 250 g Rundkornreis,
1 Glas Weißwein, ca. 1 l leichte Fischbrühe,
ca. 500 g Meeresfrüchte: Miesmuscheln, Vongole,
Garnelen, Sepie, Kalmare, Salz, 1 Zitrone,
1–2 Tintenfischbeutelchen, 30 g Butter

Schalotte, Knoblauch und etwas Petersilie fein hacken und im Olivenöl andünsten. Zerkrümelte Chilischote und Reis einrühren. Wenn dieser glänzt, Wein zugießen. Leise köcheln, immer wieder eine Kelle heiße Fischbrühe angießen, rühren und den Topf schütteln, damit der Reis nicht ansetzt. Erst wenn die Körner fast gar sind, die geputzten, eventuell auch klein geschnittenen Meeresfrüchte in den Risotto mischen, immer auf genügend Flüssigkeit achten. Salzen, mit Zitronensaft und -schale würzen. Die Tinte in einer Tasse mit etwas Fischbrühe auflösen und unterrühren. Am Ende die Butter in Flöckchen unterschütteln, den Risotto schön weich halten (siehe Bild). Heiß servieren.

DIE GRÜNE INSEL

Korčula, die westlich vor Pelješac gelegene Insel, ist anders als die steinernen Inseln im Norden grün! Kiefernwälder und Weingärten, Oliven, Orangen und üppig blühende Bougainvilleen.

Die Ankunft im Hafen von Korčula ist spektakulär: Das Schiff fährt rund um die stark befestigte Stadt, gewaltige Wehrtürme und Mauern umschließen schützend die Häuser, die sich auf einem Hügel eng aneinanderdrängeln. Ein großartiger Anblick! Kein Wunder, dass die Stadt ins Programm jeder Kreuzfahrt in diesem Teil des Mittelmeers gehört. Eine geschwungene Freitreppe führt hoch zum prächtigen Festlandstor. Gegenüber ein bunter, kreisrunder Markt, rechts und links der Stadttreppe die üblichen Souvenirbuden, unter denen ein Steinmetz mit schönen Arbeiten aus dem weißen Stein auffällt. Über die Treppe steigt man hoch, in die pittoreske Altstadt, die Marco Polo als ihren prominentesten Sohn reklamiert. Die Hauptstraße durchmisst sie kerzengrade und neigt sich erst auf der gegenüberliegenden Seite stufenlos hinab zum Wasser. Die Seitengässchen verlaufen schräg dazu, um die Sonne abzuweisen. Eine Bilderbuchkulisse! Natürlich fest in Touristenhand. Die Läden sind auf deren Wünsche ausgerichtet, die Speisekarten der Restaurants auch.

Lauschige Gässchen, idyllische Winkel – ein Bummel durch die Altstadt bietet immer wieder entzückende Sichten. Abends fallen manchmal Grüppchen auf: Sie hören den A-capella-Gesängen der Einheimischen zu, die sich zu fünft oder sechst versammeln, einander im Kreis umfassen und in der verstärkenden Akustik eines Torbogens singen, melancholische, anrührende Melodien, sich selbst zur Lust und den Gästen zum Vergnügen .

MENU
-PIZZA
-LAZANJE
-CALAMARI
-FISCH
-SCAMPI
-OCTOPUS

SONNENINSEL HVAR

Lavendel, Fenchel und Salbei duften unter strahlendem Himmel. Im Süden gedeiht wunderbarer Wein, im Norden Obst und Gemüse, im Westen lockt das Hafenstädtchen Hvar: ein Traum!

Lesina hieß einst die Stadt Hvar mit ihrem Hafen, angelegt unter Venedigs Herrschaft im 15. bis 16. Jahrhundert. Es war einer seiner wichtigsten Flottenstützpunkte an der Adria – und besteht noch heute so unverändert, dass man sich unwillkürlich in eine andere Zeit versetzt fühlt. Niemand wird sich dem Charme des einzigartigen, von störenden Autos frei gehaltenen Ensembles entziehen können: Die vorgelagerten Inselchen, Buchten und Bergrücken, die Festungen über der Stadt – die untere von den Venezianern, die obere von Napoleon während seiner kurzen Herrschaft zwischen 1807 und 1814 angelegt –, die bereits Anfang des 20. Jahrhunderts entstandene Promenade mit anmutigen Kiefern und riesigen Agaven, der größte Stadtplatz Dalmatiens mit seinen herrlichen alten Steinplatten, die fein ziselierten Kirchen mit ihren filigranen Türmen, Klöster und Paläste, der heimelige Glockenturm mit der von Venedigs viel beschäftigtem Architekten Sanmicheli errichteten Loggia, die inzwischen in das Palace-Hotel (erbaut als »Kurhotel Kaiserin Elisabeth«!) integriert ist, die bunten Schiffe und weißen Yachten im Hafen und auf Reede in der Bucht – alles strahlt eine friedliche, heitere Harmonie aus, man ist verzaubert…

Die Stadt war im August 1571 von einer türkischen Flotte heimgesucht und stark zerstört worden – zwei

Monate später wurden die Osmanen bei Lepanto in der letzten großen Galeerenschlacht von der Heiligen Allianz (Spanien, Venedig und Papst) blutig und vernichtend geschlagen. Auch Lesina war beteiligt, konnte von der Kriegsbeute sein zerstörtes Arsenal erneuern. Das gleichzeitig wuchtig und elegant wirkende Gebäude, wohl auch von Sanmicheli, barg die städtische Galeere, in seiner zehn Meter breiten, gewölbten Halle wurden beschädigte Schiffe repariert. 1612 richteten sich die reichen Bürger und Adligen der Stadt, die damals mehr als doppelt so viele Einwohner wie heute zählte, im ersten Stock ein Theater ein – es gilt als das älteste noch existierende Stadttheater der Welt. Es beweist, dass man hier schon damals für Amüsement sorgte, dass die isolierte Lage einer Insel nicht zwangsläufig Langeweile bedeuten muss.

Die braucht heute kein Besucher zu fürchten: Hvar bietet alles, was der Mensch sich wünschen kann! Hier ist Tag und Nacht etwas los, abends summt die ganze Stadt, auf dem Platz drängen sich die Menschen, junge und alte, viele Kinder und Jugendliche. Kroaten und Deutsche, Tschechen und Ungarn, Italiener und viele, viele Amerikaner. Unglaublich viele Leute flanieren fröhlich und guter Dinge die Kais entlang. Wer nicht reserviert hat, bekommt in keinem Restaurant, und sei es noch so schlecht, noch einen Platz. So quirlig und gierig war Saint Tropez vor einem halben Jahrhundert!

Hvar, das ist Vielfalt, ein Nebeneinander der unterschiedlichsten Gesellschaftsschichten. Jeder kommt hier auf seine Kosten, es gibt alles: Von anspruchs-

Die lauen Nächte der wegen ihres milden Klimas auch »Madeira der Adria« genannten Insel entfalten über Hafen und Bucht ihren Zauber, und auf der Terrasse des Arsenals öffnet die angesagte Theaterbar. Der weitläufige Stadtplatz vor dem Bischofsdom Sv. Stjepana bietet Raum zum Flanieren sowie für Bars und Restaurants – im »Hannibal« gibt's den besten Fisch! Am Franziskanerkloster mit seinem Turm, nur wenige Meter außerhalb der Touristenmeile, herrscht noch die stille, bescheidene Beschaulichkeit des alten Hvar.

RIVA & ROOTS – WOHNEN UND SPEISEN

losen Ferienanlagen aus sozialistischer Zeit über die üblichen, zum Teil nur wenig renovierten Riesenhotels bis zu exquisit gestylten Luxushäusern, von schlichten Privatzimmern bis zu großzügigen Wohnungen und Villen, von simplen Konobas über rustikale Wirtshäuser zu plüschigen oder eleganten Restaurants, von Eisdielen, Diskos und lauten Bars bis zu trendigen Cafés und coolen Lounges fehlt nichts.
Die schönsten, zum Teil noch zu renovierenden und erst in den nächsten Jahren verfügbaren Hotels von Hvar gehören der Sunčani-Gruppe. Eine französische Hotelkette und ein kroatischer Unternehmer mit Beziehungen haben sich rechtzeitig die einst staatlichen Häuser und damit die besten Standorte gesichert. Nun werden diese nach und nach vom sozialistischen Mief befreit und in luxuriöse Hotels umgewandelt. Begonnen wurde mit dem »Riva Yacht Harbour Hotel« direkt an der noblen Hafenpromenade, wo die Yachten der Superreichen anlegen. Ein 100 Jahre altes Gebäude aus weißem Stein, das ehemalige »Slavia Hotel«, wurde mit Geschick und Witz umgebaut und eingerichtet – erstes kroatisches Haus im Verband *Small Luxury Hotels in the World.* Davor, weiß überspannt, die Terrasse mit Restaurant und Lounge, beigen und roten Sesseln, Korbgestühl und ausladenden Diwanen. Die New Yorker Gäste, die als Trendsetter umworben werden, können kommen!

Das Hotel »Riva« liegt voll im Trend: Design der Fünfziger und Sechziger, beste Materialien – weniger ist mehr! Der deutsche Generalmanager Stefan Hilgers sorgt dafür, dass das Haus beim reichen amerikanischen Publikum ankommt. Im »Roots« werden unter Palmen Gerichte in entsprechenden Stil angeboten: Thunfischsteak oder gegrillter Oktopus – beides mit Kartoffel-Kräuter-Püree und gebackener Zucchinischeibe. Dazu passt Rosé aus der Plavac-Traube, natürlich von der Insel.

LAVENDEL – ORGIE IN FARBEN UND DÜFTEN

Im Juli, wenn der Lavendel blüht, flirrt die Landschaft violett in der trockenen Luft, schwer liegt der intensive Duft über der heißen Insel. In ihrem armen östlichen Teil sind die Felder längst aufgelassen, nur wenige Menschen leben noch hier – Landflucht. Lavendel blüht aber allenthalben, er wird nur zum Teil geerntet und von Mädchen und Frauen am Straßenrand verkauft – wie der ausgezeichnete Honig, der Süßwein Prošek und allerhand Schnäpse.
Nur im Norden und Westen, wo die Griechen vor 2500 Jahren bereits Felder angelegt haben, wird Lavendel noch intensiv angebaut und für die Destillation geerntet: Die Blüten werden mit der Sichel abgeschnitten, auf ihrem Busch liegend getrocknet, dann abgestreift, in Wasser eingeweicht, gekocht und destilliert: Viel Arbeit für wenig Öl, weshalb das reine Lavendelöl auch seinen stolzen Preis haben muss. Oft wird es deswegen mit anderem, billigem Öl gestreckt – also aufgepasst beim Einkauf!
Die alten Griechen waren übrigens aus Pharos gekommen, weshalb sie ihre Siedlung ebenso benannten – heute die »alte Stadt«, Starigrad. In der Ebene um die Stadt findet man heute noch die griechische Aufteilung der Felder. Eigentlich ein schützenswertes Kulturdenkmal – aber es kümmert sich niemand darum. So bleibt von den Griechen nur ein Leuchtturm, ein paar Ruinen und der heutige Name der Insel: Hvar ist die kroatische Ableitung von Pharos.

Zwischen den alten, einst mühsam zwischen den Feldern aufgeschichteten Trockenmauern blüht üppig der Lavendel. Bauersfrauen verkaufen diese zusammengebundenen Büschel am Straßenrand: Die Stiele werden um die Blüten zurückgebogen und umwickelt, so dass sie die empfindlichen, sich leicht lösenden Blütenstände schützen und das Ganze gefahrlos in den Wäscheschrank gelegt oder aufgehängt werden kann. Salbei, Fenchel, Thymian und Wacholder (oben links) wachsen überall: Sie sind Grundsubstanzen für Liköre und Schnäpse. Sućuraj, Fährhafen am östlichen Ende der Insel, dämmert beschaulich vor sich hin.

SĆ-214
11 SĆ

WEIN – ZLATAN OTOK VON ZLATAN PLENKOVIČ

Es ist ein Wortspiel, das sich der Weinbauer, Gastwirt und Unternehmer Zlatan Plenkovič da mit seinem Vornamen erlaubt: Der bedeutet so viel wie »Gold« – und alles, was Plenkovič anfasst, scheint zu Gold zu werden! Deshalb kann er seine Weine mit Fug und Recht »Gold der Insel« nennen (*otok* = Insel).

Unter »seinen« Weinen versteht er alles, was auf der Südseite der Insel angebaut und gekeltert wird. Hier hat Plenkovič Großes geschaffen: Sämtliche Weinbauern haben sich unter seiner Führung zu einer Kooperation zusammengeschlossen und bewirtschaften ihre Weinberge biologisch – strengstens überwacht von einer Schweizer Firma. Dafür hat er befahrbare Wege zu den Weinbergen gebaut, die zuvor nur mit Eseln zu erreichen waren. Alle Kulturmaßnahmen, Schnitt- und Lesetermin bestimmt Zlatan – und baut die Weine in seinem Keller aus.

Maßnahmen, die nur griffen, weil die Südflanke der Insel seit 1961 per Auto zu erreichen ist: durch einen Tunnel, zur Wasserversorgung angelegt, mit einem Keller, in dem Zlatan heute 200 000 Liter Wein lagert. Ertragsbegrenzung und rigorose Auslese, temperaturkontrollierte Vergärung, Ausbau der Spitzenweine (*vhrunsko vino*) in Barriques (Weiß- wie Rotweine), haben ihm internationale Anerkennung eingebracht. Auf der Bordelaiser Weinmesse 2005 bekam sein »Plavac Mali« eine der 13 Goldmedaillen, das ist sensationell für einen kroatischen Wein.

An den steilen Südhängen der Insel Hvar drohte der Weinbau zu erliegen, weil er zu beschwerlich war. Der energiegeladene Zlatan Plenkovič wollte aber nicht aufgeben: Er gründete, weil die eigenen zehn Hektar Weinberge nicht ausreichten für die nötigen Investitionen, eine Erzeugergemeinschaft. In den stets aus den Nähten platzenden Kellereigebäuden in Sv. Nedjelja verarbeitet er alle Trauben der Region.

HAFEN UND RESTAURANT – EIN KINDERTRAUM WIRD WAHR

Wenn Zlatan Plenkovič eine Idee hat, dann setzt er sie um. Von einem Hafen an der felsigen Südküste, die dem gefürchteten Jugo, der im Herbst und Winter aus dem Süden mit meterhohen Wellen anstürmt, schutzlos ausgeliefert ist, hatte er schon als Junge geträumt. Jetzt hat er ihn gebaut: In den Felsen wurde ein Becken gesprengt, davor der Felsen unter Wasser plan vorbereitet, darauf die Mole errichtet: neun Betonwürfel, jeder 270 Tonnen schwer, in Split gefertigt, per Schiff herantransportiert und mit einem Kran präzise eingesetzt. Die halten allen Wellen stand!
Zwischen Mole und Ufer das Restaurant: Zwei puristische, steinerne Rundbauten mit Kuppeln, die entfernt an apulische Trulli erinnern, in der Bauweise aber mehr römischen Gewölben ähneln. Auf der Mole die Küche, davor eine Terrasse. Vier Fischerboote hat

er laufen, so dass stets frische, edle Fische und in den Hälterbecken stattliche Hummer, Langusten, Scampi, Seeigel und Oktopusse vorrätig sind.
Schon sein Vater hat einfache Zimmer an Gäste vermietet: Ungarn, Slowenen, Tschechen, später Österreicher und Deutsche, im Hochsommer fast ausschließlich Italiener. Mit der Zeit sind die Gäste anspruchsvoller geworden, kommen jetzt mit teuren Autos und wohnen in großzügig ausgestatteten Appartements. »Wir bieten Sonne, Felsen, Meer, den schützenden Hafen und eine einfache Küche: Beste, frische Zutaten, perfekt zubereitet, ohne Schnickschnack. Dazu passen meine Weine ideal!« Zlatan Plenkovič macht einen äußerst zufriedenen Eindruck. »Probieren Sie den trockenen *(suho!)* ›Zavala‹, aus der Sorte Pošip und einigen lokalen Weißweinsorten gekeltert, mit herrlichen Zitrusnoten. Eiskalt muss der sein, im Glas wird er schnell warm: wunderbar zu den frisch gesalzenen Sardellen!« Er selbst trinkt allerdings eine Limonade. »Oder den Rosé zu saftig gegrillten Scampi und Tintenfischen: ein leichter, eleganter Qualitätswein *(kvalitetno)*. Zur Scampi-Buzara (Rezept wie Fischtopf Seite 50), können Sie dann einen ›Plavac Mali Barrique‹ trinken. Aber mit 18 Grad, auf keinen Fall wärmer!« Die Vorstellungen Zlatans vom perfekten Genuss sind so streng wie seine Produktionsmethoden ...
Ach ja: Vor den Hafen will er einen Wellenbrecher setzen, damit der Jugo das Restaurant im Winter nicht mehr überflutet. Mit weiteren Betonwürfeln. Sie sind schon bestellt – er wartet seit Jahren »nur« noch auf den Küstengeneralbebauungsplan der Regierung.

MAKARSKA-RIVIERA

Der schmale Küstenabschnitt unterhalb der karstigen Flanke des Biokovo-Gebirges bietet auf 60 Kilometern eine der abwechslungsreichsten und spektakulärsten Strecken an der Adria.

Das karstige Gebirgsmassiv streckt die Rippen seiner Flanke wie Finger ins Meer und gibt der von einem schmalen, weißen Kiesstrand gesäumten Küstenlinie ihren malerischen Verlauf. Von Gradac bis zur Vrulja-Bucht, wo das klare Wasser von den Strudeln unterirdischer Quellen aufgewühlt wird, windet sich die Magistrale hoch über dem Meer und bietet nach jeder Kurve einen neuen, atemberaubenden Blick.

Jahrhundertelang lebten die Menschen hier nicht am Wasser, sondern hoch oben am Berg: Aus Angst vor Seeräubern und vor den Türken. Erst im 16. Jahrhundert zog man hinunter ans Meer. Da das Gebirge sie vor kalten Ostwinden schützt, herrscht an der Küste ein ideales Klima. Es lässt auf schmalen Terrassen Wein, Oliven und Obst prächtig gedeihen. Der Tourismus in dieser Gegend verdankt dem Klima seine lange Tradition: Die gesichtslosen, riesigen Hotelkästen aus der Titozeit in den schönsten Buchten sind angesichts der wilden Bauerei danach das kleinere Übel. Kein Haus entlang der Straße, und mag es noch so halbfertig sein, an dem kein Schild hinweist, dass man Zimmer mieten kann. Und Hausbesitzer stehen oder sitzen bei den Ortsein- und -ausfahrten am Straßenrand, wirklich alle!, und halten ihre Tafeln hoch. Größter und lebendigster Ort dieser Riviera, der ihr den Namen gab: Makarska. Ein hübscher Badeort mit Palmenpromenade, weißem Kieselstrand, dem Aleppo-Kiefern mit fedrigen Zweigen Schatten spenden. Und einen quirligem Nachtmarkt nebst Diskomusik aus allen Boxen gibt es auch.

Der natürliche Hafen von Makarska ist nur durch eine enge Zufahrt mit dem Meer verbunden. Hinter der palmengesäumten Promenade, an der sich Cafés, Hotels und Läden drängen, der beschauliche, alte Stadtkern. Wolfsbarsch im Salzmantel ist der Klassiker aller Speisekarten. Im »Jez«, einem eleganten Lokal in zweiter Reihe, wird er so perfekt zubereitet wie vorgelegt.

STADT IM PALAST

Split verdankt seine Wurzeln einem Kaiser, der in Rente wollte: Diokletian. Und seine Zerstörung der Stadt Salona: Die Flüchtigen nisteten sich im Alterssitz des Kaisers ein – Split war gegründet.

Diokletian stammte, wie so mancher Kaiser, aus einfachsten Verhältnissen und diente sich geschmeidig und zielstrebig nach oben. Aber er klammerte sich nicht an die Macht, wollte nach getaner Arbeit sein Leben genießen – Kaiser zu sein war schließlich zu jener Zeit eine gefährliche Sache, nicht alle starben eines natürlichen Todes. So gab er 295 n. Chr. einen Altersitz nahe seiner Heimatstadt Salona direkt am Meer in Auftrag. 305 n. Chr. war er fertig: Der Kaiser dankte ab und verbrachte tatsächlich die letzten zehn Jahre seines Lebens in dem festungsartigen Bau. Wie viele Emporkömmlinge, so hatte auch er das Bedürfnis, seinen Reichtum zur Schau zu stellen: Das Rentneranwesen fiel mit 215 mal 180 Meter recht ansehnlich aus! Es fehlte an nichts: vier Tore, drei Tempel, Empfangshalle mit Säulenhof, Wachtürme, immense Kellergewölbe, Wirtschaftsgebäude, Stallungen, Zisternen, eine über ein Aquädukt gespeiste Therme, 30 000 Quadratmeter luxuriös mit verschiedenfarbigem Marmor ausgekleidete

Die Seite des Diokletianpalastes zum Meer: versehen mit Fenstern für Häuser, die teilweise nicht mehr existieren. Auf den in Jahrhunderten spiegelglatt polierten Steinplatten rutschen sogar die Tauben aus! Herabgestürzte Bauteile dienen als Ruheplatz.

Gemächer ... Und, auch daran hatte der Kaiser gedacht, seine Grabstätte mit Mausoleum!
Sarkophag und sterbliche Überreste sind längst verschwunden, und wie der Palast nach dem Tode seines Erbauers genutzt wurde, ist nicht geklärt – aus unerfindlichen Gründen wurde er jedenfalls nicht zerstört. Als Slawen und Awaren im Jahre 614 die Stadt Salona dem Erdboden gleich machten, retteten sich die überlebenden Einwohner in die noch bestehende Anlage. Im Laufe der Zeit wurde daraus eine Stadt – manche Partien wurden fast unverändert belassen, nur ihre Nutzung verändert. So blieb das Perystil, der Innenhof mit seinen korinthischen Säulen, als Zentrum bestehen. Das Mausoleum wurde zur Kathedrale umgewidmet, natürlich mit christlichem Dekor ausgestattet. Manche Gebäudeteile wurden abgerissen, die Steine als Baumaterial anderweitig verwendet. Zum Beispiel für den Campanile, der sich, Ironie des Schicksals, mitten im Palast des letzten großen Christenverfolgers reckt. Sogar Diokletians altägyptische Sphinx hat sich erhalten. Weit über 200 Häuser und selbstständige Wohnungen bilden die Keimzelle von Split, heute eine Stadt mit 200 000 Einwohnern.

Als der Platz im Palast nicht mehr ausreichte, dehnte die Stadt sich vor seinen Mauern weiter aus. Zum Meer hin wurde eine breite Promenade aufgeschüttet, Palmen gepflanzt, Cafés und Bars eingerichtet. Hier und neben den vier Toren, die in die noch immer vollständig von der zwölf Meter hohen Mauer umgebenen Palaststadt führen, läuft das touristische Programm

Die Steine des Palastes erzählen seine Geschichte. Bewunderung, Neugier, Faszination, dass so viel die Zeiten überdauert hat: Völkerwanderung, Kriege, Überfälle, Erdbeben – einzigartig! Die Touristen scheinen hier weniger laut und grell zu sein, eingeschüchtert von der Macht der Eindrücke. Viele Häuser sind noch bewohnt. In einem können sogar Gäste übernachten, im »Vestibul« (unten links), einem hübschen Boutique-Hotel.

RESTAURANT NOŠTROMO – EINFACH, ABER SPITZE

mit Souvenirständen, Postkarten- und Eisverkäufern ab. In den Gassen drängen sich die Besucher, polieren mit ihren Sandalen die seidig glänzenden Steinplatten weiter glatt, sitzen auf den malerisch herumliegenden Kranzgesimsen und Deckplatten, studieren den Reiseführer, schauen in die römischen Gewölbe, betrachten die Bougainvilleen und Rosmarinbüsche, die im antiken Geröll prächtig gedeihen.

Wenn man dann Hunger bekommen hat, begibt man sich aus dem Osttor über den Stadtplatz zur Markthalle. Gegenüber das Restaurant »Noštromo«. Man betritt es in der Hoffnung, dass die Nähe zum Markt besten Fisch garantiert. Die Karte ist jedoch, wie fast überall, ziemlich nichtssagend – Kilopreise, Zubereitungsart, die üblichen vier, fünf Vorspeisen mit mariniertem Fisch, fertig. Halt: Heute gibt es *Neonati,* die winzigen Fischchen, die nehmen wir auf jeden Fall. Ansonsten entscheiden wir uns wieder mal für das Übliche: Vorspeisenteller, gedünstete gemischte Muscheln, Grillplatte mit Fisch und Scampi ... Zunächst kommen aber die frittierten Fischlein, leider etwas knapp gesalzen, aber genial gewürzt mit weißen Zwiebeln und Kapern – überaus köstlich. Marinierte Fischvorspeisen: sehr gekonnt mit Essig gesäuert – ein römisches Erbe? Dann die Muscheln: sanft gegart, zart, ein Gedicht! Und schließlich die Grillplatte: Alles perfekt gegrillt, außen knusprig, innen saftig; der Kalmar mit jenem leichten Karamellgeschmack, der so selten gelingt; die superfrische Dorade eingeschnitten, gleichmäßig auf den Punkt gar, das Fleisch löst sich gerade von der Gräte; die Scampi würzig, ihre Scheren wunderbar, fast halbroh, weil kaum der Hitze ausgesetzt; Venusmuscheln und *Datteri* mit frischem Olivenöl gewürzt, schmelzend auf der Zunge. Alles ist so unglaublich vorzüglich, dass wir den Tränen nahe sind vor Glück! Ja, das Grillen ist eine Kunst, die leider kaum einer beherrscht. Aber wenn, dann weiß man wieder, warum gerade die Rotisseure einst ein so hohes Ansehen besaßen!

Ein großstädtisches Restaurant, das »Noštromo«. In den gepflegten, klimatisierten, sich über mehrere Ebenen erstreckenden und das ganze Haus bis unters Dach ausfüllenden Räumen sitzt man gemütlich, die Tische sind schön gedeckt, die Bedienung ist aufmerksam. Die Weinberatung ist gut, die Auswahl bestens. Bis das Essen kommt, kann man sich an den Bildern erfreuen, die alle Wände reichlich zieren – man kann sie sogar kaufen, denn der Besitzer ist Galerist. Und ein kulinarisch anspruchsvoller Mann: Sein Restaurant gehört zu den besten Kroatiens – nicht was die Kreativität, aber was die Qualität der Produkte und die Präzision der Zubereitung angeht.

DAS SEGLERPARADIES

Einsamkeit, karstige Felsen, Möwengeschrei über windzerzaustem Gras. Die Kornaten locken mit glasklarem, unwirklich blauem Wasser und zünftigem Wind die Bootsleute aus aller Welt.

Aus der Luft sieht der Inselarchipel vor der Nordküste Dalmatiens aus, als habe der liebe Gott am Ende des siebten Schöpfungstages die Handvoll Inseln, die er noch übrig hatte, einfach mit großzügigem Schwung locker hingestreut: 100 Inseln (oder 150 – was ist Felsen, was Insel?) reihen sich im Meer vor Šibenik und Zadar aneinander, mal mit mehr, mal mit weniger Abstand, große, kleine, schmale, breite, ganz unregelmäßig geformte und manchmal ineinanderübergehend. Heute leuchten sie weiß mit ihrem karstigen Fels aus dem dunkelblauen Wasser. Ursprünglich waren sie grün und dicht bewaldet. Die Römer haben alles abgeholzt, um aus den Stämmen Galeeren zu bauen, auch Venedig bediente sich. Der erodierte Boden wurde weggeschwemmt. Heute gibt es nur noch dürftiges Gras für ein paar Ziegen, Kräuter und Immortellen mit betörendem Duft; einige Olivenhaine und Feigenbäume werden noch gepflegt. Die Fremden, die seit dem Kriegsende 1995 wieder in Scharen in das zum Nationalpark erklärte Segelparadies kommen, bringen leichteren Verdienst, als dem kargen Boden abzutrotzen ist. Kaum einer der *kurnatari*, wie man die Inselbewohner nennt, lebt ganzjährig auf der Insel. Sie haben ihren Wohnsitz meist in Murter und pendeln ab Ostern bis zu den Winterstürmen. Ihre Vorfahren konnten die Inseln im 19. Jahrhundert kaufen, weil die adligen Vorbesitzer mit den unwirtlichen Eilanden nichts anzufangen wussten. Heute nutzen sie das Meer als Fischer, und ihre Häuschen vermieten sie an Gäste.

Fisch und Meerestiere sind bei »Ante« in Vrulje wahrlich frisch: In Hälterkörben bleiben genügend für den Gästeansturm am Leben. Auf die Seeigel sind vor allem die Italiener wild. Deutsche Gäste stoßen bei ihrem Anblick entsetzte Schreie aus und können nicht glauben, dass man sie für eine Delikatesse hält. Sie sprechen lieber dem Schnaps zu, dem die Inselkräutern Würze geben: Salbei, Origano, Rosmarin und Weinraute – ein rechter Digestif, der auch die größte Languste in dicker Tomatensauce leicht verdaulich macht. Die Esel, die auf dem gegenüberliegenden Hang der Bucht weiden, genießen ihre Sommerpause. Ihre Zeit kommt erst im späten Herbst zur Olivenernte. Dann tragen sie die Säcke zum Schiff, das sie nach Murter zur Mühle bringt. Das staatliche Boot der Nationalparkwache macht das übrigens umsonst, um wenigstens diese landwirtschaftliche Pflege zu sichern. Die Oliven werden von Hand gepflückt und schnell verarbeitet, damit die gute Qualität erhalten bleibt.

Die Restaurants an der Hafenfront von Murter haben ihre Tische einfach locker die Mole entlanggestellt. Die längste Tradition bietet das »Tic-Tac«, auf dessen Speisenkarte sich auch Raritäten finden. Man serviert – den italienischen Gästen zuliebe – alle Meeresfrüchte auch roh. Neben Seeigeln und Austern sogar die raren See-Eier (Bild links), die leuchtend gelb wie Dotter in ihrer zotteligen Schale sitzen und intensiv nach Jod und Meer schmecken. Im Brodetto, dem beliebten Fischtopf, wird gern Drachenkopf mitgekocht. Entweder mit Penne, dicker, gerippter Pasta (links) oder mit Kartoffeln (oben) – gehaltvoll genug, erschöpfte Segler zu erquicken. Oder man serviert den köstlichen Fisch mit seiner knallroten Haut aus dem Backofen, zusammen mit Kartoffeln in Meerwasser gegart, und dann nur noch mit Olivenöl und Petersilie gewürzt.

Die Insel Murter ist mit dem Festland durch eine Drehbrücke verbunden. Das muntere Städtchen gleichen Namens mit seinem hübschen Hafen ist beliebter Badeort und Ausgangspunkt für Segeltörns durch die vorgelagerte Inselwelt. Man kann sich Boote aller Klassen mieten, mit und ohne Personal. Ideal: mit der eigenen Yacht unterwegs sein. So kann man die turbulenteren Buchten der Kornaten meiden und jene einsamen finden, in denen den ganzen Tag lang niemand ankert. Wer bis zum Abend nicht ablegt, kriegt Besuch vom Parkwächter, der mit seinem Motorboot herbeituckert, um einen Obulus zu kassieren. Dann ist nämlich die Gebühr für den Eintritt in den Nationalpark wie für den Aufenthalt fällig. In vielen Buchten haben die Fischer aus Imbissbuden regelrechte Restaurants gemacht. Manche bieten fabelhaftes Essen, und jedes hat seine eigene Spezialität. Das einsame Kirchlein von Piškera liegt noch ungestört in der frühsommerlichen Sonne. Beginnt in der Konoba daneben die Saison, ist es mit der Idylle vorbei.

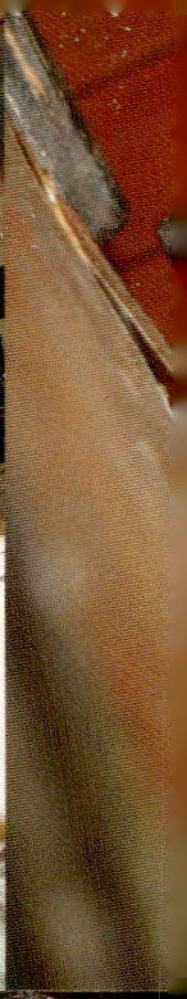

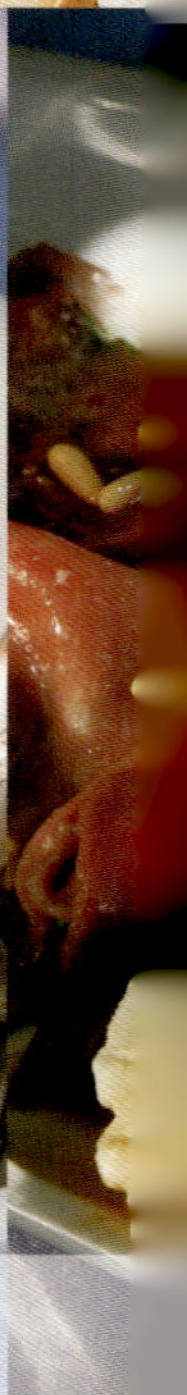

Die Adressen besonders guter Lokalitäten sprechen sich natürlich schnell herum – deshalb ist es wichtig, rechtzeitig, zu reservieren! So legen also den ganzen Vormittag über immer wieder Yachten an, aus denen sonnenverbrannte Freizeitkapitäne klettern und ihren Tisch fürs Abendessen klarmachen wollen. Häufig will der Wirt dann wissen, was die Gäste essen möchten, damit die Küche entsprechend planen kann. Zu komisch, wie die forsch auftretenden Helden bei dieser Frage regelmäßig kleinlaut zurück ins Boot kriechen: »Da muss ich meine Frau fragen!« Ganz wichtig übrigens: Ausreichend Bargeld mitnehmen, vor allem in den kleineren Lokalen nimmt man keine Kreditkarten.
Ansonsten schippert man unbeschwert rund um die Inseln mit ihren mitunter gewaltigen Felsformationen, unter überkragenden Felsnasen hindurch, an steil sich hochtürmenden Wänden entlang. Einmal glänzt eine besonders malerische Ruine hoch oben im milden Abendlicht: die für einen Western gebaute Filmkulisse. Auch das gibt es im Nationalpark …

Die Konoba »Opat« auf der Insel Kornat liegt in einer Bucht mit atemberaubend klarem, türkisfarbenem Wasser. Von der Terrasse hat man sein Boot stets im Blick, ein Schilfdach filtert sanft das Sonnenlicht. Die Familie Božikov hatte als eine der ersten in der gesamten Inselgruppe ihre einfache Fischerhütte zum Gasthaus ausgebaut und großen Ehrgeiz in die Küche gelegt. Fast alles ist hier hausgemacht. Beim phantastischen Brot angefangen, das allein bereits die Fahrt hierher lohnt: mehrmals täglich kommt es frisch aus dem Holzofen, dessen Glut nie verlischt. Sogar die Tomaten für den Vorspeisensalat mit Garnelen und Rucola sind selbst getrocknet (Bild ganz links). Wie man den »Schinken« vom Thunfisch herstellt, hat Milan bei Slobodan Pleslič im »Tic-Tac« gelernt. Aber längst auch seine eigenen Rezeptideen entwickelt: Der Oktopus (links) ist so zart wie selten. Er wird nur ganz kurz gekocht, dann in Form gepresst und nach dem Abkühlen auf der Aufschnittmaschine dünn aufgeschnitten. Olivenöl, Zitrone, etwas Petersilie – wunderbar! Auch die Venusmuscheln mit ihren gerippten Schalen sind ganz natur, und nur so kurz gekocht, bis sie sich öffnen.

ALLTAG IN ZADAR

Römische Ruinen, venezianische Baukunst, moderne Geschäftigkeit – alles hat nebeneinander seinen Platz, nicht einmal die Touristen stören. Denn am beschaulichen Leben nehmen alle teil.

Man betritt die von einer Mauer vollkommen umschlossene Altstadtinsel am besten vom Kanal, der sie von der Neustadt trennt, und ist gleich mittendrin, im Leben. Zuerst der Gemüsemarkt, dessen reich bestückte Stände zeigen, dass sich hier Einheimische versorgen, die zu kochen und zu genießen verstehen. Der Bummel durch die Stadt führt dann geradezu rückwärts durch ihre wechselhafte wie reiche Geschichte. Das Rathaus im Mussolini-Stil: Bis in die 1940er-Jahre gehörte Zadar zu Italien. Davor war es, bis 1918, österreichisch. Auch Venedig hat in Zadar seine Spuren hinterlassen. Großartige Gebäude, reiche Brunnen, Kirchen und Plätze mit Statuen und dem venezianischen Löwen allenthalben zeugen davon. Selbst Rom ist noch präsent: mit seinen quadratisch angelegten Straßen bis zum Forum, an dessen Seite der Sveti Donat steht, eine monumentale Rundkirche, für deren Bau man Steine von römischen Ruinen verwertet hat.

Der Narodniplatz mit Stadtloggia und Stadtwache mit Uhrturm (oben) ist das Wohnzimmer der Stadt. Versuchen muss man das fabelhafte Eis von »Donat«: die Callelarga entlang, an der Kathedrale vorbei, wo Frauen Handarbeiten feilbieten. Und die Maraskakirschen, aus denen man Maraschino brennt.

GLÜCKLICHE INSEL

Die Insel Pag liegt lang ausgestreckt wie ein träges Krokodil im Meer, gesäumt von hellen Kieselstränden. Viele Schafe, schneeweiße Steine und über allem der intensive Duft von Kräutern.

Flirrende Luft, weiß leuchtet der Stein vor dem Meeresblau im Sonnenlicht. Dazwischen das störrische Sandgras, das mit seinem matten Grün für ein bisschen Farbe sorgt; dornige Hecken und kratziges Gebüsch, magere Sträucher, Kräuter überall. Und das Gelb der Immortellen, deren betörender Duft über die gesamte Insel weht und wetteifert mit dem Parfum von Rosmarin und Salbei, Origano, Thymian und Lavendel. Am nördlichen Ende der Insel, bei Lun, uralte, malerische Olivenbäume. Sie ächzen geradezu unter der Last ihrer Jahre, verknoten ihre knorrigen Stämme und ducken sich, von den Winterstürmen gepeitscht, ins Steingeröll, das man sorgsam um sie herum aufgeschichtet hat: Unwirklich schöne Olivenhaine – Kulturgut! Im hügeligen, breiten Teil der sonst kaum einen Kilometer schmalen Insel, östlich der Stadt Novalja, der absolute Gegensatz dazu:

Die ganze Insel ist von steinernen Mäuerchen durchzogen, die der Landschaft eine eigentümliche Struktur verleihen. Und stetes Zeugnis einer geradezu sisyphusartigen Arbeit, die rohen, weißen Steinbrocken aus dem Boden zu klauben und zu endlosen Einfassungen aufzuschichten. Als Besitzgrenze und als Sperre für die Schafe, die dazwischen ein karges Auskommen finden. Aus deren Milch wird ein hochgeschätzter Käse hergestellt, in kleinen, handwerklich arbeitenden Betrieben. Und doch in solchen Mengen, dass er im ganzen Land als regionaltypische Vorspeise angeboten wird.

Das elegante, kleine Landhotel »Boškinac« liegt am Rand der eigenen Weinberge auf einem Hügel. Das Meer ist zwar im Blick, aber aller Lärm und Trubel des Badelebens sind weit weg. Hier ist eine Oase der Ruhe und der Düfte, die von den Lorbeer-, Jasmin- und Rosmarinbüschen durch den liebevoll angelegten Terrassengarten wehen. Man kann den ganzen Tag im Liegestuhl verbringen, im flirrenden Schatten skurril gebogener Pinien und Olivenbäume, lesen, faulenzen, in die Wolken gucken und sich von Küche und Keller des gepflegten Hauses verwöhnen lassen. Der kroatische Küchenchef hat sein halbes Berufsleben in New York gearbeitet und serviert eine Mischung aus mediterraner und internationaler Küche. Da gibt es zum Beispiel zart gebackene Fischchen auf bunten Sommersalaten, dekorativ umkleckst mit wohlriechendem Petersilienöl. Oder gefüllte Kalmare mit gerösteten Mandelstiften. Man kann im Garten auf der Terrasse essen oder in der luftigen Loggia mit der herrlichen Aussicht über das weite Land. Oder auch in der rustikalen Weinstube Herzhaftes probieren (nächste Seite). Die Zimmer mit ihren perfekt ausgestatteten Bädern sind so angenehm, dass man sich fast weniger gutes Wetter wünscht, um sie gebührend genießen zu können. Und natürlich gibt es einen Shuttleservice zum schönsten Strand!

EDLE MATERIALIEN, EIN GROSSZÜGIGES AMBIENTE – GEPFLEGTES AUS KÜCHE UND KELLER

Weinberge mit den wie mit dem Lineal gezogenen, strotzenden Linien grüner Rebzeilen, Obstgärten. Und in ungezählten Buchten einladend flache, weiße Kieselstrände: Die Insel Pag hat viele Reize und somit alles, was ein Ferienziel braucht.
Fehlte nur eins: Eine adäquate Unterkunft. Für die hat nun der umtriebige Boris Šuljić gesorgt. Seit 20 Jahren im Tourismus tätig, hat er mit Strandgastronomie ordentlich Geld verdient: Er hat das »Beachclubbing« nach Pag gebracht, Novalja zum kroatischen Ibiza gemacht – hier feiert man Party rund um die Uhr, steppt 24 Stunden lang der Bär. Zunächst nur zur eigenen Erholung widmete er sich dem Weinbau, fand mit zunehmendem Erfolg immer mehr Spaß daran und baute sich schließlich zusammen mit Ehefrau Mirella neben seine Weingärten das Lieblingshotel, das sie bisher vergeblich gesucht hatten, einfach selbst: Das »Boškinac« – ein Wortspiel mit seinem Spitznamen – ist ein edles, kleines Hideaway, das allen Ansprüchen genügt. Ein schönes Haus, das sich zurückhaltend in die Umgebung fügt, absolute Ruhe bietet und unaufdringlichen, effektiven Service.

Und wenn endlich die Baugenehmigung für den Pool erteilt wird, wird auch der Spa sicher keine Wünsche offenlassen.
Das Konzept, neben dem luxuriösen Restaurant in der Weinstube auch das Bodenständige zu pflegen, kommt sogar bei den einheimischen Gästen gut an. Ein Besuch der Konoba gilt als todschick! Hier gibt's die vorzüglichen eigenen Weine (Augenmerk auf den autochthonen Rebsorten), kann man den berühmten Pager Käse probieren, der, wie Mirella betont, vom besten Käsemacher der Insel stammt. Zum Beweis führt sie gern die Gäste zur Familie Nidas, die schon seit 1887 Käse produziert. Dort erzählt ihnen Rosanka (Käsemachen ist hier Frauensache, die Männer kümmern sich um die Schafe), warum er so gut schmeckt: Die Schafe können auf der Insel unter mehr als 350 Gräsern und Kräutern wählen, die extrem würzig sind, weil die Bora das Wasser über die Insel peitscht.

Im Erdgeschoss die einfache Konoba, sozusagen die Besenwirtschaft. Holztische sind im Garten aufgestellt. Zum eigenen Wein gibt's kleine Gerichte, Risotto, Pasta, Schinken und Würste, und die Spezialität, paški sir, *den berühmten Pager Käse. Köstlich dazu: der duftende Salbeihonig der Insel. Unter der gemütlichen Weinstube im Untergeschoss geht's noch einige Stufen in den Weinkeller hinab. Alles perfekt ausgestattet. Mirella Šuljić ist stolz darauf. Mit Recht!*

BEI ACO AUF RAB

Die Insel Rab hat zwei Gesichter: Im Osten kahl und karg, im Westen sanft und grün. Die für ihre vier Glockentürme berühmte Stadt Rab ist ein Kleinod, aber speisen sollte man bei Aco.

Zwischen der istrischen Halbinsel, den langgestreckten Inseln Cres und Lošinj und dem kroatischen Festland heißt das Meer Kvarner (früher Quarnero) und Kvarneric, ganz im Süden davon liegt – dem gewaltigen Velebit-Gebirge gegenüber – die Insel Rab in der blauen Adria. Natürlich hat jede Bucht, jeder Meeresarm, jede Passage zwischen zwei Inseln eine weitere Bezeichnung, so dass ein kompliziertes, aber präzises Namenssystem entsteht: Es ist die Grundvoraussetzung für sicheres Navigieren zwischen den vielen Inseln und Felsen!

Sein gut geschützter Hafen hat Rab schon in früher Zeit eine besondere Stellung verschafft, unter Venedig galt es als einer der wichtigsten Stützpunkte für den Levante-Handel. Zwischenzeitlich war dieser allerdings heftig bedroht: Uskoken, von den Osmanen im Inneren des Balkans vertriebene Slawen, hatten sich in Senj angesiedelt, der im Norden liegenden Stadt am Velebit-Gebirge. Sie machten alsbald als skrupellose Piraten die Meere unsicher, so dass die Habsburger sie auf Drängen Venedigs ins Landesinnere umsiedeln mussten. Etwas von ihrem Geist scheint aber in Senj verblieben zu sein: Die Stadt ist die Heimat der aufmüpfigen »Roten Zora«.

Die Venezianer haben Rab seinen Charakter gegeben, der wunderbar erhalten blieb – der große Charme vieler kroatischer Orte liegt ja darin, dass sie nach dem Erliegen des venezianischen Handels durch die Entdeckung neuer Seewege im 16. Jahrhundert in einen Dornröschenschlaf verfielen, der sie sozusagen kon-

Steinig, karg und abweisend präsentiert sich die Insel Rab von der Fähre aus. Gelb schimmern auf den Felsen die Immortellen. Eine Spezialität der kroatischen Kalkküste sind die prstaci, *italienisch* datteri, *deutsch Steinbohrer-Muscheln: Sie leben in den Felsen, in die sie sich regelrecht hineinfressen. Weil man, um an sie zu gelangen, den Felsen ab- und aufklopfen muss und damit die Natur der Küste zerstört, ist es verboten, sie zu »ernten«. Trotzdem bekommt man diese äußerst delikaten Muscheln allenthalben angeboten – eine kleine Quote ist erlaubt: Gedünstet in Olivenöl mit reichlich vom hier so wohlschmeckenden Knoblauch, Salz, Pfeffer, etwas Petersilie, einem Schuss Weißwein, bis sie sich öffnen, und mit mehr oder weniger Grieß oder Semmelbröseln angedickt.*

FISCH UND MEERESFRÜCHTE – ALLES, WAS IHR LIEBHABER BEGEHRT

Südlich der Stadt Rab, in Barbat, liegt am Meer und inmitten von Villen und Gärten das fröhliche Restaurant »Aco« von Darko Dedić, benannt nach seinem 2006 verstorbenem Schwiegervater. Er war eine legendäre Persönlichkeit und begnadeter Fischer, dem im Restaurant mit Bildern und Objekten gehuldigt wird. Zu selten kommt Darko selbst zum Fischen, (»dann hab' ich die besten, frischesten Zutaten umsonst!«) – aber sein Vetter und ein paar Fischer versorgen ihn bevorzugt: Es gibt, vor allem in der Saison, ein viel zu kleines Angebot an Fisch! Die lebende Languste kocht er in Meerwasser kurz auf, lässt sie dann langsam gar ziehen. Ersetzt man den französischen (wir sagen russischen) Salat mit Mayonnaise durch Knoblauchöl (siehe vorige Seite) schmeckt sie noch reiner und klarer – und ist bald säuberlich verzehrt …

servierte: Es war einfach kein Geld da, um das Vorhandene umzugestalten oder zu ersetzen. Der heutige Schatz der Inseln liegt also gerade in ihrer jahrhundertelangen Armut begründet.
Dabei war Rab einst reich, wie man an den schönen Kirchen, Palästen und der Loggia noch erkennen kann. Natürlich dank des Handels, aber auch der Seidenraupenzucht, die in den im Winter regenreichen und im Sommer über genug Wasserreserven verfügenden Senken des westlichen Teils bestens gedieh. Neuen Aufschwung brachte mit Beginn des 20. Jahrhunderts der Tourismus, ab 1936 kamen die Naturisten, nachdem der abgedankte englische König Edward mit seiner Wallis Simpson hier nackt ins Meer gestiegen war. Die FKK-Strände bei Lopar sind flach und von Wäldern gesäumt, selten an der Karstküste.

GLÄNZENDES OPATIJA

Wo einst Kaiser Franz Josef Urlaub machte, baden jetzt Bürger: Opatija ist Mitteleuropas nächstgelegenes, absolut mediterranes Ziel, per Autobahn oder Rijekas Flughafen schnell zu erreichen!

Das erste Seebad an der kroatischen Küste hatte sich in den Glanzzeiten der österreichisch-ungarischen K&K-Monarchie zum höchst mondänen Kurort entwickelt. Die feine Gesellschaft Wiens und Budapests gab sich hier das standesbewusste Stelldichein – man war nicht auf Nizza und Monte Carlo angewiesen: Das Klima ist hier ebenso angenehm und man konnte im Lande bleiben. Dann kam die Zeit des gleichmacherischen, den Luxus verachtenden Kommunismus. Die herrlichen Villen standen leer und verfielen oder überlebten als öde Kaderunterkünfte, die Hotels wurden heruntergewirtschaftet, nur mit billigsten Materialien die Mindestansprüche an Hygiene befriedigt. Nach dem Krieg 1991 lag die Hotellerie dann völlig darnieder.

Seit 1995 aber geht es wieder steil aufwärts! Die ersten angenehmen Hotels sind in fast alter Pracht wiederentstanden, nur die absolute Spitze fehlt noch. Sie

Traumhaft glänzt das teils renovierte, teils neu gebaute Hotel »Miramar« über dem Meer von Opatija. Keine Straße davor, nur die Franz-Josef-Promenade (auch ganz rechts unten), die zwölf Kilometer am Meer entlangführt. Unten das Hotel »Milenij«, inmitten der Stadt und doch am Meer. Seine Küche ist international, etwa gegrillter Wolfsbarsch mit Mangold.

MODERNE KÜCHE BRAUCHT INTELLIGENZ UND WITZ

wird folgen, denn das Klima Opatijas, vom Učka-Gebirge wie Nizza von den Alpen gegen kalte Nordwinde geschützt, ist mild und wunderschön. Die günstige Nähe zu den Metropolen des östlichen Mitteleuropas tritt wieder ins Bewusstsein. Und es stellt sich heraus, dass die alten, verloren geglaubten Beziehungen schnell wieder funktionieren – weil die gemeinsame Geschichte ein gewisses Grundverständnis füreinander geschaffen hat.

I

SCHWARZE POLENTA MIT SCAMPI

Sieht höchst ungewöhnlich aus, aber die Kombination der verschiedenen Meeresaromen hat was!

Für vier bis sechs Personen:
1 l Wasser, 1 gehäufter EL Salz, 150 g Maisgrieß, 1 große Sepia (ca. 500 g, mit Tinte), 1 Chilischote, 6 schöne Scampi, ⅛ l Olivenöl, 100 g Erbsen, 2 EL Butter, etwas Brühe

Wasser aufkochen, Salz und Grieß langsam einrieseln lassen, währenddessen mit einem Holzlöffel gleichmäßig rühren. Die geputzte Sepia am Stück (aber ohne Kalkschulp), die in etwas Wasser aufgelöste Tinte und Chilischote zufügen. Auf sehr kleiner Hitze zugedeckt drei Stunden leise ziehen lassen, ab und zu am Boden aufrühren, damit nichts ansetzt. Die Sepia herausnehmen, in kleine Würfel schneiden und in die Polenta rühren, für die Garnitur jedoch pro Person vier bis fünf schöne Streifen beiseitelegen. Polenta abschmecken, auf ein Blech streichen und fest werden lassen.
Zum Servieren Scampi kurz auf dem Grill garen, aus der Schale lösen. Schale zerkleinern und im Olivenöl rösten. Die Erbsen in etwas Butter dünsten, mit einem Schuss Brühe glatt mixen und abschmecken.
Die schwarze Polenta in Portionsstücke schneiden, in Olivenöl anbraten und erwärmen. Sepiastreifen und Scampi rasch in der Pfanne schwenken, dabei würzen, auf der Polenta anrichten. Mit Klecksen von Erbsencreme und abgeseihtem Scampi-Öl umkränzen.

Opatija stellt sich auch gastronomisch ganz auf Touristen ein. Das kleine, unmittelbar anschließende Volosko mit seinem winzigen Hafen ist da weiter: Hier kocht Denniz Zembo in seinem aufwändig und edel gestylten Restaurant »Le Mandrac« eine junge, kreative Küche: Er hat einige Jahre in London gearbeitet und will in seiner Heimat nun mit anspruchsvollen Kreationen voller Zeitgeist Karriere machen. Seine Philosophie ist so einfach wie eindeutig und den westeuropäischen Maßstäben verpflichtet: nur beste, frische Zutaten – möglichst aus der Region, eher kurze Garzeiten und niedrige Temperaturen, überraschende, witzige, amüsante Zusammenstellungen und intelligente Abwandlungen klassischer Rezepte.

I

2

TRÜFFELCAPPUCCINO

Ein federleichtes, cremiges Kartoffelsüppchen mit betörendem Trüffelduft – der wirklich guten Creme von Zigante (Seite 222) sei Dank!

<u>Für vier Personen:</u>
1 kleine Schalotte, 2 EL Butter, 250 g Kartoffeln, ½ l Brühe, 100 g Sahne, Salz, Pfeffer, Muskat, 2 EL Trüffelpaste, ⅛ l Milch, Zitronenschale

Schalotte sehr fein würfeln, in der Butter andünsten. Geschälte und gewürfelte Kartoffeln zufügen. Mit Brühe bedecken und zugedeckt weich köcheln. Sahne angießen, mit Salz, Pfeffer und Muskat würzen. Mit dem Pürierstab ganz glatt mixen, dabei die Trüffelpaste einarbeiten. Das Süppchen soll dicht, aber nicht dick sein und muss intensiv nach weißen Trüffeln duften – eventuell noch mehr Brühe und Trüffelpaste einmixen. Gut abschmecken! Die Milch aufkochen, mit Zitronenschale, Salz und etwas Pfeffer würzen; mit dem Cappuccinoschäumer aufschlagen.
Die heiße Trüffelsuppe in Espressotässchen füllen. Obenauf eine Schaumkrone von der gewürzten Milch setzen und sofort servieren.

2

3

*Der Name »Le Mandrac« steht für das Programm von Denniz Zembo: Das französische »*le*« macht den Anspruch auf das Niveau seiner Kochkunst und die Verwandtschaft mit der französischen Küche deutlich,* mandrac *heißt so viel wie »kleiner Hafen«, nämlich der von Volosko, an dem das Restaurant liegt. Als er das alte Haus erwarb und seine Küche und Restaurant einrichten wollte, beschlossen er und seine Freunde, nicht historisierend zu arbeiten, sondern etwas ganz modernes in die Traumkulisse zu setzen, die aber dabei nicht zerstört werden durfte: So entstand die Idee der verglasten Veranda, die sich perfekt in die alte Bausubstanz eingliedert. Mit seinen kulinarischen Zielen geht Denniz genauso vor: Er nimmt Elemente der kroatischen Küche, verwandelt sie und baut sie ein in moderne Strukturen.*

3
SEEBARSCH AUF OKTOPUS-HAMBURGER

Klingt schräg, und ist es auch, aber es schmeckt! Der Oktopus wird lang gekocht, gehackt und mit eingeweichtem Brot zur Boulette geformt und gebraten.

Für vier bis sechs Personen:
1 mittelgroßer Oktopus von 450 g, Salz, 2 altbackene Brötchen, ⅛ l Milch, 1 kleine Zwiebel, 2 Knoblauchzehen, 2 EL Olivenöl, Petersilie, ½ Chilischote, 1 Ei, 4–6 Seebarschfilets mit Haut, Olivenöl zum Braten und Grillen

Den Oktopus in Salzwasser etwa eine halbe Stunde leise köcheln, dann abkühlen lassen. Inzwischen die Brötchen würfeln, mit heißer Milch einweichen. Zwiebel und Knoblauch fein hacken, im Öl weich dünsten, gehackte Petersilie sowie Chili zufügen. Den Oktopus durch den Wolf drehen oder mit dem Messer fein hacken. Mit Brot, Zwiebel und Ei zur Farce mischen. Gut abschmecken. Längliche Klopse formen, falls sie zu weich sind, mit Semmelbröseln festigen. In heißem Öl goldbraun braten.
Fischfilets salzen, pfeffern, mit der Hautseite auf dem Grill oder in der Pfanne garen. Auf der heißen Bulette anrichten, mit würzigem Olivenöl umklecksen.

4
ERDBEEREIS AUF RICOTTACREME

Die aufrecht in die Eiskugel gesteckte Mandelhippe sieht toll aus und ist ganz leicht gemacht.

Für vier bis sechs Personen:
Erdbeereis: 500 g Erdbeeren, Zucker, Zitrone, 150 g Sahne
Vanillecreme: 500 g frische Ricotta (ersatzweise Frischkäse), Zucker, Vanillezucker, Zitronenschale, 150 g Sahne
Mandelhippen: 120 g Puderzucker, 2 EL Mehl, abgeriebene Schale und Saft von 1 Orange, 50 g Butter, 50 g geriebene, geschälte Mandeln. Außerdem 500 g gemischte Beeren

Für das Eis die Früchte putzen, mit Zucker und Zitrone glatt mixen. Geschlagene Sahne unterziehen und in der Eismaschine gefrieren. Für die Creme Ricotta cremig rühren, dabei mit Zucker, Vanillezucker und Zitronenschale würzen. Schlagsahne unterheben. Für die Hippen Puderzucker, Mehl, Orangenschale und -saft, geschmolzene Butter und Mandeln verrühren. Auf einem mit Backfolie belegten Blech in 12 cm Abstand teelöffelkleine Häufchen setzen. Bei 180 Grad 8 Minuten hellblond backen. Auskühlen. Damit die Hippen kross bleiben, luftdicht aufbewahren. Creme mit Waldbeeren anrichten, Eiskugel obenauf setzen. Mit einer Mandelhippe dekorieren.

4

SCHÖNE AUSSICHT

Hoch über der Kvarnerbucht, die geschäftigen Badeorte im Blick, liegt Kastav, ein hübsches mittelalterliches Städtchen, dessen wechselhafte Geschichte sich an allen Ecken ablesen lässt

Steil windet sich die schmale Hauptstraße bergan, bis sie den auf dem Hügel thronenden Ort erreicht. Ein sorgsam restauriertes Waschhaus, beschauliche Plätzchen, prächtige Palazzi aus weißem istrischem Stein, der selbst bei trübem Wetter leuchtet, und schmale, rosa getünchte Wohnhäuser. Ganz oben, wo selbst bei gutem Wetter ein frischer Wind weht, die Kirche. Von hier schaut man rundum weit zu den malerischen Kvarnerinseln und ins Gebirge.

Noch vor dem Stadttor, auf einem zur Meeresbucht geneigten Sims, lädt ein kleines, gemütliches Haus zur Einkehr ein: Für das »Kukuriku«, einem der besten Restaurants der Bucht, reist man gerne von der Küste herauf. Zumal man bei sommerlicher Hitze das Lüftchen hier oben als höchst angenehm empfindet. Der Name des Lokal erinnert übrigens auch auf kroatisch an Kikeriki, den Hahnenschrei. Hausherr Kukurin hat hier wortspielerisch seinen Nachnamen eingesetzt. In wenigen Jahren hat er sich mit seiner Mannschaft in die Herzen der Slow-Food-Anhänger gekocht. Oberste Maxime: Produkte der Region, sorgfältig nach der Tradition zubereitet, aber immer mit besonderem Pfiff. Seine Liebe gehört dem Weinkeller, in dem man alles findet, was Kroatien an großen Weinen bietet. Und das ist wahrlich nicht wenig!

Wirt Nedad Kukurin, Saaltochter Renata und der junge Küchenchef Robert Kličković (rechts), begrüßen die Gäste auf der von Glyzinien überwucherten Terrasse. Die Vorspeise: Scampischwänze, in Zitronensaft mit Olivenöl mariniert, auf jungem Ziegenkäse angerichtet und mit Balsamico umkleckst.

1

BONITOSTEAK MIT AUBERGINEN

Die zweifingerdicke Scheibe besten Thunfischs ist perfekt gegrillt: zart, innen noch roh und saftig. Auf einem Sockel von Auberginenscheiben und Spinat – schön sommerlich!

Für zwei Personen:
2 Thunfischsteaks (à 120 g), 4 EL Olivenöl, Pfeffer, Zitronenschale, 1 kleine Aubergine, 1 Kartoffel, Salz, 250 g Blattspinat, 1 Knoblauchzehe, Muskat

Die Steaks mit Olivenöl einreiben, mit Pfeffer und Zitronenschale würzen. Aubergine und Kartoffel in dünne Scheiben hobeln, auf einem Backblech ausbreiten, mit Öl beträufeln, ebenfalls mit Pfeffer und Zitronenschale würzen. Im 200 Grad heißen Ofen ca. 15 bis 20 Minuten backen.
Den Spinat blanchieren, mit gehacktem Knoblauch in Olivenöl schwenken, dabei mit Salz, Pfeffer und Muskat würzen. Die Thunfischsteaks auf beiden Seiten grillen. Alles erst jetzt salzen, hübsch anrichten und servieren.

2

VANILLECREME MIT WALDBEEREN

Eine klassische Crème Patissière mit frischen Beeren.

Für vier Personen:
3 Eigelb, 3 EL Zucker, 1 TL Speisestärke, 1 TL Vanillezucker, ¼ l Sahne, ¼ l Milch, 500 g gemischte Beeren

Eigelb und Zucker dick schlagen, Stärke und Vanillezucker zufügen. Sahne und Milch kochend heiß zufügen. Im Wasserbad erhitzen, schlagen, bis die Creme dick wird. Früchte nach Geschmack zuckern. Abwechselnd mit der Creme in Dessertgläser schichten.

1

2

BROT UND SPIELE

Illyrien, Rom, Byzanz, Venedig und nicht zuletzt Kakanien haben in der größten Stadt Istriens ihre Spuren hinterlassen. Das macht sie lebendig, heiter, weltoffen und kulinarisch reizvoll.

Wo sich heute Pulas Altstadt kreisförmig um einen kastellgekrönten Hügel schließt, hatten ursprünglich die Illyrer gesiedelt. Unweit von Nesactium, das heute als Ruinenstadt zu besichtigen ist. Um 1200 v. Chr. blühende Hauptstadt der Histrier, die 177 v. Chr. von den Römern so heftig geschlagen wurden, dass die Einwohner angeblich freiwillig in den Tod gingen, um nicht in Gefangenschaft zu geraten. Für die Römer war Pula militärischer Stützpunkt. Vespasian ließ hier, um seiner Geliebten zu imponieren, ein Amphitheater für blutrünstige Veranstaltungen errichten, das 20 000 Besucher fassen konnte – eigentlich ein bisschen groß für den abgelegenen Ort! Es ist prächtig erhalten und dient heute im Sommer friedlichen Opernaufführungen. Auch später war es die Lage am Südzipfel der istrischen Halbinsel, mit der Pula lockte: Erst Venedig, später Österreich, das hier seine Flotte unterbrachte, nachdem Mitte des 19. Jahrhunderts Venedig verloren war. Das Stadtbild ist geschichtsträchtig, vom römischen Triumphbogen und Forum bis zu venezianischen Palazzi und prächtigen österreichischen Gründerzeitfassaden. Zweisprachige Straßenschilder beweisen, dass das Italienische noch (oder wieder?) eine große Rolle spielt. Und eine erneuerte, vielfältige, anspruchsvolle Gastronomie spricht für Wohlstand und Weltläufigkeit.

Das »Valsabbion« der Wirtin Sonja Peric am Yachthafen ist sicher das originellste Haus weit und breit: Topmodern eingerichtet, mit manchmal schrägem Design, dazwischen ein paar antike Stücke; elegante Zimmer und der Pool im Penthouse. Die Bandbreite der Küche reicht von anspruchsvoll bis wagemutig und ist von Ferran Adrià und Heston Blumenthal inspiriert. Das gilt auch für das Augenzwinkern dabei und natürlich die ebenso phantasievolle wie mitunter leicht verwegene Präsentation.

1

BRODETTO AUF »UNSERE« ART

Die allgegenwärtige adriatische Fischsuppe ist im »Valsabbion« nicht wiederzuerkennen: Sie wird im Paco-Jet zur intensiv duftenden Creme gemixt. Lauwarm serviert, mit einem Tupfer Polentaschaum aus dem Siphon obenauf.

Für vier bis sechs Personen:
1 Zwiebel, 3 Knoblauchzehen, 2-3 EL Olivenöl, 1 Chilischote, Grün vom wilden Fenchel, 1 El Tomatenmark, 400 g Tomatenpüree (oder pelati), 1 Glas Weißwein, Salz, Pfeffer, 500 g Fisch und/oder Meeresfrüchte (Brasse, Barsch, Tintenfisch, Muscheln, Garnelen, Seeteufel – mit und ohne Gräten), Polentaschaum: ¼ l leichte Brühe, 30 g Polentagrieß, 150 g Sahne, Muskat, Cayennepfeffer

Zwiebel und Knoblauch fein gehackt in Öl andünsten, Chili, gehackten Fenchel und Tomatenmark mitrösten. Tomatenpüree zufügen. Wein und so viel Wasser angießen, dass die Fische darin versinken können. Einige Minuten durchkochen, salzen und pfeffern. Die Fische darin garziehen lassen. Köpfe und Haut entfernen, Gräten können drinbleiben, wenn mit dem Paco-Jet gearbeitet wird (ein Hochleistungsmixer, der alles glatt püriert, auch Gräten!). Wer den nicht hat, muss alles parieren und im guten Mixer zerkleinern.
Für den Polentaschaum die Brühe aufkochen, Grieß einrieseln lassen, unter Rühren köcheln, bis alles dicklich wird. Sahne unterrühren, gut abschmecken. Nach Vorschrift in den Siphon füllen. Zum Servieren erwärmen und über den Brodetto sprühen.

2

TATAR VON JUNGEN SEPIA

Tatsächlich kann man junge Sepia roh essen, sie sind ein großer Genuss, natürlich nur, so lange sie sehr frisch sind. Gut passt Dill dazu, der rund um die Adria ein eher seltenes Kraut und deshalb eine besondere Zutat ist.

Für vier Personen:
500 g kleine, frische Sepie (seppioline), etwas Zitronenschale und -saft, Salz, Pfeffer, 2 EL Olivenöl, Dill, Pinienkerne

Die Sepie gründlich putzen: falls noch vorhanden, die dünne Haut, die sie umgibt, abziehen, innen auswaschen. Das Mundstück im Kopf entfernen. Eventuell die Tentakel für ein anderes Gericht vorsehen, einen Meeresfrüchtesugo zum Beispiel, sie sind roh nicht so zart wie der Körper. Diesen mit einem scharfen Messer in winzige Würfel schneiden. Das Tatar mit etwas Zitronenschale, ganz wenig Zitronensaft, Salz, Pfeffer und Olivenöl anmachen. Zum Schluss fein gehackten Dill untermischen.
Mit Hilfe eines Rings als Türmchen auf Teller anrichten. Geröstete Pinienkerne darumstreuen.

1

2

3

4

Das Dessert kommt pompös auf einem in Gold gefasstem Spiegel daher, auf dem Kakao- und Zuckerpuder sowie Granatapfelperlen schon mal für einen prachtvollen Untergrund sorgen. Es sind gleich eine ganze Reihe von süßen Verführungen, die hier locken: Das Halbgefrorene mit Vanillesabayon mit einer Erdbeere auf dem Haupt. Daneben Schoko- und Orangentörtchen sowie ein erfrischendes Orangensorbet im kleinen Glas. Im hohen Glas ein duftiger Kaffeeschaum. Und in der Mitte eine mit gehackten Haselnüssen panierte Mürbteigkugel, in die Schokocreme eingewickelt ist: Auf einen Biss eine unwiderstehliche, bittersüße Überraschung!

3

SCAMPI IM NUDELHEMD

In feine, hausgemachte Nudeln gewickelt, aufgespießt und dann gebraten, sitzt jeder Scampo einzeln in einer Creme aus gelben Linsen. Ein hübscher Aperitifhappen!

Für vier Personen:
8 Scampischwänze, Salz, Pfeffer, etwas Zitronenschale, 2 EL Olivenöl, 100 g Pasta (Rezept Seite 19).
Linsenpüree: 1 kleine Zwiebel, 1 Knoblauchzehe, 2 EL Olivenöl, 1 Scheibe Speck, 200 g gelbe Linsen, 1 Tasse Brühe

Die Scampi schälen, entdarmen, mit Salz Pfeffer, Zitronenschale und etwas Öl marinieren. Dann in die frischen Nudelbänder wickeln und im restlichen Olivenöl sanft rundum golden braten. (Wer fertige Pasta nimmt, muss sie vorher bissfest kochen.)
Für das Linsenpüree Zwiebel und Knoblauch in Öl andünsten, den sehr fein gewürfelten Speck mitbraten. Linsen zufügen, mit Brühe knapp bedecken und etwa 15 bis 20 Minuten weich kochen. Mit dem Mixstab aufmixen und abschmecken. Als Klecks auf Teller setzen, die gebratenen Scampi hineinstecken.

4

GRANCEVOLA AUF ZWEI ARTEN

Das Fleisch der gekochten Seespinne wird ausgepult und wie auf Seite 19 beschrieben serviert. Aus der Karkasse kocht man hier noch eine konzentrierte Cremesuppe.

Für vier bis sechs Personen:
2–3 Seespinnen (Grancevole), Salz, 1 dicke Zwiebel, 3 Knoblauchzehen, 4–5 EL Olivenöl, 1 Sellerieständgel, 1 kleine Möhre, 1 Stück Lauch, 1 EL Tomatenmark, 1 EL Mehl, ½ l Weißwein, Salz, Pfeffer

Die Seespinnen kopfüber in kochendes Salzwasser geben, erneut aufkochen und auf kleinem Feuer ca. 10 bis 20 Minuten ziehen lassen (nach Größe). Sollte Rogen da sein, ihn sofort nach dem ersten Aufkochen abstreifen. Das Fleisch auslösen. Die Schalen mit dem Beil hacken und mit dem zerkleinerten Gemüse im Öl kräftig anrösten. Tomatenmark mitbraten, alles mit Mehl bestäuben und durchrösten. Wein angießen und einkochen. Mit Wasser bedecken und auf ca. 1/2 l einkochen. Diesen Sud gut abschmecken und so servieren. Oder im Siphon aufschäumen.

VENUS ROVINJ

Eine Stadt, wie die Göttin dem Meer entsteigend: die Häuser dicht gedrängt, enge Gassen, verwaschene Farben, venezianische Eleganz. Behütet von der dominanten Basilika mit ihrem Campanile.

Mit majestätischer Weite empfängt der Vorplatz der Basilika Sveta Eufemija die Besucher, die durch die engen, teilweise steilen und nur mit Stufen zu bewältigenden Gassen heraufgelaufen sind – Autos haben nur mit Sondererlaubnis auf wenigen Straßen Zufahrt. Der Blick geht endlos übers Meer, die vielen kleinen Inseln und die istrische Küste. Die sterblichen Überreste der Heiligen Euphemia sollen hier in ihrem spätantiken Marmorsarg angeschwemmt worden sein – ein gewaltiges Wunder! Die geräumige Kirche aus dem 18. Jahrhundert unterstreicht die Bedeutung als Wallfahrtsziel, der Turm die Verbindung Rovignos (wie die Stadt jahrhundertelang hieß) zu Venedig – er ist dem Campanile von San Marco nachempfunden.

Ursprünglich war Rovigno eine Insel – erst im 18. Jahrhundert wurde der Kanal aufgefüllt, der sie vom Land trennte: Die an den beiden ehemaligen Ufern aufgereihten Häuser bilden eine wunderschöne Kulisse für den Markt und die Flaniermeile, den Salon der Stadt. Deren Charme kann sich niemand entziehen, und so sind die Urlauber aus aller Herren Länder gut gelaunt, ihr Geld auszu-

Majestätisch überragt der 61 Meter hohe Campanile die gedrängten Häuser von Rovinj mit den Gässchen, in denen Touristen die Souvenirläden stürmen. Riesige Yachten verschieben bizarr die Größenverhältnisse …

GALLERY"S"

Hoch und eng stehen die Häuser spiralförmig auf der Insel, stützen sich gegenseitig mit Bögen und überspannen auch die Gassen. Der auf dem Festland gelegene Stadtteil hingegen fächert sich strahlenförmig auf. Dazwischen weitet sich der Platz durch die zurückweichenden Häuser und öffnet sich nach Süden hin zum Hafen. Hier liegen die weißen Motoryachten und Segelboote der Freizeitkapitäne neben den bunten Schiffen der Fischer, die in den wunderbar klaren, von Felsen gesäumten und von Inseln durchsetzen Küstengewässern zwar immer weniger fangen, den täglichen Fischmarkt in der Nebensaison aber noch beliefern können. In der Hauptsaison allerdings wird die Ware knapp und auch die großen Mengen an Zuchtfischen, die in Kroatien produziert werden, reichen nicht aus: Noch mehr Restaurants als sonst greifen dann wie die Einheimischen auf billiges Tiefgekühltes und Atlantikware zurück. Mitten zwischen den zahlreichen Bars, Cafés und Restaurants (für jeden Geschmack und jeden Geldbeutel) findet alltäglich der Bauernmarkt statt, auf dem die Frauen neben Obst und Gemüse ihre hübschen Knoblauchzöpfe und geduldig aufgefädelten Peperoni-Peperoncini-Knoblauch-Ketten verkaufen.

geben: Für Souvenirs und Kitsch und Kunst, die hier reichlich aus den Läden quellen ... Es tobt also der Tourismus, der massenhafte wie der individuelle. Am nördlichen Kai liegen die Yachten der Superreichen, die vom Volk gebührend bestaunt werden.

Umso erstaunlicher, dass mitten im durchschnittlichen Angebot ein wunderbares Spitzenrestaurant seinen Platz erobern konnte: Das »Monte« von Tjiske und Danijel Đjekić oben in der Via Montalbano, die vom Markt zur Basilika hinaufführt. Danijel war während des Krieges in Holland, hat dort erfolgreich gekocht und etwas Geld gespart. Aber erst hier in Rovinj lernte er die urlaubende Holländerin Tjiske kennen und lieben. Nun führt sie mit ihm das Restaurant im Haus seiner Familie, er kreativ und akkurat in der Küche, sie attraktiv und souverän auf der Terrasse. Geöffnet ist von Frühling bis in den Herbst, jeden Tag; dafür machen sie im Winter Pause, um Kraft und Ideen zu tanken. »Denn«, sagt Danijel, »wir haben viele Stammgäste. Die sind anspruchsvoll und wollen stets etwas Neues – also verbinde ich istrische Zutaten mit modernen Rezeptideen aus aller Welt!«

HIER BESCHAULICH, DORT HEKTISCH – ROVINJ KANN ALLES BIETEN!

Im sorgfältig renovierten ehemaligen Bischofssitz wurde das Hotel »Villa Angelo d'Oro« eingerichtet – die Zimmer, teilweise nicht groß, sind mit Geschmack und Geschick ausgestattet. Sie bieten alles, was man braucht. Die ungezwungene Atmosphäre, ein verwunschener Garten zum Frühstücken und mit Bar für den Aperitif sowie Bibliothek und Wellnessabteilung machen den Aufenthalt angenehm: mitten in der idyllischen Stadt und trotzdem nicht im turbulenten, aufgeregten Treiben, das hier abends allenthalben herrscht.

RESTORAN MONTE: SCHÖNE TERRASSE, HERZLICHE WIRTSLEUTE, FABELHAFTES ESSEN!

I

GARNELENTATAR

Angerichtet auf Gurke, mit Geleewürfeln aus Sojasauce, Kügelchen von Wasabi und Sesamsaat, so ergibt sich eine geradezu asiatische Leichtigkeit.

Für vier Personen:
4 Blatt Gelatine, 200 ml japanische Sojasauce, 400 g Garnelenschwänze, Salz, Pfeffer, 1 Zitrone, 2-3EL Olivenöl, 1 Salatgurke, 2 EL Wasabipulver, 50 g Sesamsaat

Eingeweichte Gelatine in warmer Sojasauce auflösen. In einer flachen Schale fest werden lassen. Garnelen schälen, mit dem Messer fein hacken, dabei mit Salz, Pfeffer, etwas Zitronenschale und Olivenöl würzen. Die Gurke schälen, längs in dicke Scheiben hobeln. Quadratische Stücke schneiden, darauf die mit einem Esslöffel geformten Garnelen-Nocken setzen. Mit Würfeln von Sojasaucengelee hübsch anrichten. Wasabi nach Vorschrift anrühren, in Kügelchen auf die Teller verteilen. Sesam rösten und darüberstreuen. Mit Salat- und Kräuterblättern dekorieren.

2

THUNFISCHSTEAK MIT ROTE-BETE-GNOCCHI

Das makellos parierte Steak, eine fingerdicke Scheibe aus dem Filet vom roten Thunfisch, wird nur auf einer Seite gebraten – es ist also praktisch roh und aus diesem Grund butterzart.

Für vier Personen:
4 Scheiben Thunfischfilet, Pfeffer, 4 EL Olivenöl, Salz, Außerdem: 200 g Julienne von Wurzelgemüse: rote Bete, Möhre, Sellerieknolle. 2 EL Crème fraîche
Rote-Bete-Gnocchi:
400 g mehlige Kartoffeln, 3 Eigelb, Salz, 200 g griffiges Mehl, 100 ml Rote-Bete-Saft, 50 g Butter und Parmesan, Pfeffer.

Für die Gnocci Kartoffeln kochen, pellen, durch die Presse drücken, mit Eigelb, Salz und Mehl zum Teig kneten. Zwei Euro-dicke Rollen formen, davon Scheiben abschneiden. Mit einer Gabel Rillen eindrücken. In Salzwasser in wenigen Minuten gar kochen. Mit einer Schaumkelle herausheben, in einer Schüssel in heißem rote Betesaft, Butter und Parmesan schwenken, bis alles rot ist.
Thunfischscheibe würzen, in Olivenöl nur auf einer Seite kurz scharf anbraten. Auf den Gnocchi anrichten. Obenauf die rasch im Thunfischfett pfannengerührten Gemüsestreifen setzen. Nach Belieben mit Linien von Crème fraîche garnieren.
Der Wein, ein »Alba« von Matošević, hält sich etwas zurück, seine abgerundete Milde passt aber sehr gut zur Roten Bete.

1

2

3

SEEBARSCH-RÖLLCHEN

Kunstvoll mit Safransauce und Prinzessbohnenbündeln angerichtet.

Für vier Personen:
4 Streifen Wolfsbarschfilet (Loup de mer/Branzino), Salz, Pfeffer, 1 Noriblatt (japanisches Alge), 4 gekochte Krakenarme, 1 Döschen Safran, 2 EL Weißwein, 100 g Sahne, 3–4 EL Olivenöl, 2 dicke Möhren, 400 g Prinzessbohnen

Die Filetstreifen salzen, pfeffern und zum Röllchen formen. Das Noriblatt quer in vier Streifen schneiden, jedes Röllchen einwickeln. Obenauf einen Krakenarm setzen. Die Türmchen 5 Minuten dämpfen. Safran im Weißwein auflösen, in die kochende Sahne rühren. Salzen, pfeffern, mit Olivenöl zur cremigen Sauce aufmixen. Möhren mit dem Sparschäler längs in Tagliatelle schneiden, zusammen mit den Böhnchen in Salzwasser bissfest kochen. Eiskalt abschrecken. Bohnen bündeln und mit Möhrenstreifen umwickeln. Im Dampf erwärmen. Mit den Fischröllchen anrichten, mit Safransauce und Olivenöl beträufeln.
Der Wein: Eine Malvasia von Peter Poletti, wundervoll dicht, strukturiert, mit dem Duft getrockneter Aprikosen, Mandarinenschale und rosa Grapefruit.

4

MASCARPONECREME

Jedem Gast werden drei Gläser serviert: eins mit sanfter Creme, eins mit knusprigen Bröseln und eins mit eingekochten Waldbeeren. Jetzt kann man je nach Reihenfolge, in der man die einzelnen Bestandteile genießt, immer wieder neue Geschmackserlebnisse haben …

Für vier Personen:
250 g Waldbeeren, 100 g Zucker, 1 Blatt Gelatine, 200 g Mascarpone, 100 g Sahne, 50 g Puderzucker, 200 g Amaretti, 4 EL Amaretto di Saronno

Beeren und Zucker miteinander vermischen, aufkochen und eine Minute heftig kochen lassen. Die eingeweichte Gelatine darin auflösen, dann alles abkühlen lassen.
Mascarpone mit Sahne und Puderzucker glatt rühren. Schließlich die Amaretti zerkrümeln und mit etwas Amaretto (Mandellikör) benetzen. Jeweils für jeden Gast in drei Schälchen oder Gläser füllen und zusammen servieren. Nach Belieben mit Beerenmark dekorieren.
Hierzu passt ein halbtrockener Muscat von Pilato, er ist nicht zu süß und erfreut mit wunderschönem Blütenparfum.

LIMSKI KANAL

Ein langes, tief eingeschnittenes Flusstal, längst ausgetrocknet, abgesunken und vom Meer erobert, in das der unterirdische Fluss sein Süßwasser ergießt: ideal für die Muschel- und Austernzucht.

Manchmal wird der kanalartige Meeresarm auch »Lim-Fjord« genannt. Ein Restaurant namens »Viking« scheint das norwegische Flair bestätigen zu wollen – vergeblich: Die helle Sonne, der warme Wind, die intensiv duftende Macchia und die bunten Stände, an denen Schnäpse und Liköre, Wein, Öl, Käse, Honig und andere Produkte der Region verkauft werden, lassen keine Täuschung zu!

Im istrisch-adriatischen »Viking« sind Fisch und Meeresfrüchte aller Art die Spezialität und einen Besuch wert, obwohl man zunächst vielleicht zögerlich ist: An einem von Touristenströmen so überfluteten Ort und beim Erscheinungsbild eines Ausflugslokals mag man hier keine Oase der Gastlichkeit vermuten ... Doch die Einheimischen wissen Bescheid und lassen es sich bei stattlichen Portionen und angemessenen Preisen – auch für die Weine, welche die gut sortierte Karte anbietet – wohl sein, manchmal in großen, geradezu italienisch anmutenden Familienverbänden.

Im Juli und August sind dann auch die Nachbarn von der anderen Seite der Adria hier zahlreich zu Gast – ein gutes Zeichen, das für ganz Kroatien gilt: Die Italiener sind, was das Essen angeht, die anspruchsvollsten Touristen, verlangen und erkennen Qualität und sind schließlich auch bereit, mehr zu bezahlen als die meisten Mittel- und Osteuropäer, die weniger hohe Anforderungen stellen: In Istrien ist guter Fisch immer noch preiswerter als in ihrer Heimat.

Kleine, erfrischende und große, fette, der Zunge schmeichelnde Austern, frisch aus dem sauberen Wasser des Limski Kanals geholt. Weil der von Süßwasser gespeist wird, sind die Austern weniger salzig und delikater als die aus dem freien Meer. Die Muscheln, teils aus der hiesigen Zucht, teils Wildfang, bestechen durch ihren klaren, sauberen Geschmack – man kann sie hier ohne Angst vor bösen Folgen genießen (oben roh, links gegart zu sehen): Überbackene Jakobsmuscheln, gedünstete Mies- und Venusmuscheln, Herzmuscheln und eine istrische Spezialität, die mit einer Art Nippel (vorne Mitte zu sehen) verschlossenen Mussoli, heißen auf deutsch (in Übersetzung des italienischen Namens) »Arche Noah«. Hummer und Scampi werden meist gegrillt oder in Salzwasser gekocht, die Fische (vorzügliche Frische und Qualität, ausschließlich Wildfang) ebenso, aber auch in Salzkruste oder mit Kartoffeln im Ofen gebacken. Unten ein kapitaler Seeteufel, darüber Gold- und Zahnbrasse, dahinter Drachenkopf, Wolfsbarsch und Sankt-Peters-Fisch. Sie werden hier alle perfekt zubereitet und gewürzt, gekonnt vorgelegt und serviert.

RÖMISCHE SPUREN

Wie ein Hundekopf streckt sich Poreč auf einer Halbinsel ins Meer. Es ist von einem kerzengeraden Straßenraster gegliedert, das die schönsten Gebäude aus verschiedensten Epochen säumen.

Im 1. Jahrhundert v. Chr. wurde Colonia Julia Parentium von den Römern angelegt. Seither sind Grundriss der Altstadt und Verlauf der Stadtmauer unverändert. Am östlichen Eingang steht der Fünfeckige Turm, Ende des 15. Jahrhunderts über den Fundamenten gleich zweier Türme erbaut; unten der aus Römerzeit, darüber einer aus dem Mittelalter. Auf seiner Fassade zeigt der Löwe mit Buch, dass der Ort im Frieden mit Venedig lebte. Von hier durchzieht der Decumanus Maximus die Stadt. Am Ende dieser Hauptstraße, an der Spitze der Halbinsel, die Überreste des Forums – 16 Meter hoch die Säulen des Marstempels, dem größten Istriens: Zeugen einstiger Macht und Pracht. Ostwärts führt der Decumanus Agri zu den Olivenhainen und Feldern aufs Land.
Attraktion von Poreč ist die zum Welterbe erklärte Basilika des Heiligen Euphrasius, begonnen im 4. Jahrhundert, zweihundert Jahre später im byzantischen Stil unter Kaiser Justinian fertiggestellt.
Das gesamte Städtchen ist eine bildschöne Kulisse, munter, quirlig, laut und seit über hundert Jahren besucht von einem kaum enden wollenden Strom von Gästen. Sie lockt das unglaublich klare, traumhaft schöne Wasser vor der wie ein Spitzensaum sich kräuselnden Küste mit ihren unzähligen Inseln und Inselchen. Leider sind die in die Jahre gekommenen Hotelkästen am Strand (meist betonierte Felsen) nicht sehr attraktiv, Restaurants befriedigen nur einfachste Ansprüche. Fährt man aber nur wenige Kilometer ins Land, wird man schnell fündig – siehe Seite 232.

Am Slobode-Platz, mit Marmorplatten und Brunnen seit kurzem anspruchsvoll gestaltet, nimmt der Decumanus seinen Anfang, schon für die Römer Flanierstraße. Hier gibt es prachtvolle Gebäude, zum Beispiel den Gotischen Palast mit seinen filigranen venezianischen Fensterbögen. Im Fünfeckigen Turm ist heute ein Restaurant. Die Euphrasius-Basilika ist ein ausgedehnter Komplex mit wunderschönen Mosaiken, von denen man früher annahm, sie seien nach dem Vorbild von San Marco entstanden – bis man entdeckte, dass sie 500 Jahre älter sind. Dazu gehören Empfangssaal, Glockenturm und Baptisterium (rechts der Blick ins Dach), wo in der Nacht auf Pfingsten der Bischof noch heute schreiende Babys ins Taufbecken taucht. Cafés laden zum Eiskaffee (im Glas) oder Espresso. Und im schwarz-weiß gestylten »Sv. Nikola« kann man schick essen.

barcaffe
barcaffe
barcaffe

DISTINGUISHED GUEST

DAMIR E ORNELA

Ohne Reservierung wird man hier kaum einen Platz bekommen. Denn das Restaurant »Damir e Ornela« in Novigrad ist eine kulinarische Kultstätte. Es geht in erster Linie um rohen Fisch!

»Damir und Ornela« ist Programm: Die Besitzer persönlich garantieren mit ihren Namen die außergewöhnliche Qualität der Zutaten und der Zubereitung. Der Raum ist überschaubar, sechs Tische stehen hier, die größeren in der Mitte. Natursteinmauern, ein paar Bilder an der Wand, sie zeigen Meeres- und Hafenszenen. Da man reserviert hat, weiß Damir, der mit einem fast schüchtern wirkenden Lächeln die neuen ebenso wie die wohlbekannten Gäste mit Herzlichkeit begrüßt, genau, wo er wen platziert. Der Wein kommt in einer gefrosteten Tonröhre auf den Tisch, die sogleich dekorativ beschlägt.

Keine Speisekarte: Damir schlägt den Fisch vor, den er zu servieren gedenkt: »Heute gibt es nur *Branzin, Lubin* – andere wurden heute nicht gefangen.« Das ist einerseits leicht zu verstehen, weil die kroatischen Bezeichnungen sich von den italienischen für den

I

MARINIERTER SEEBARSCH

Großartig, Damirs Idee, pro Tisch immer den ganzen Fisch zu verwerten: Die Gäste können sehen, wie frisch der Fisch ist (Bild ganz links), wie viel Arbeit es ist, ihn sorgfältig zu zerlegen, und schließlich auch, wie viel Abfall entsteht. Und sie bekommen eine Ahnung, warum das teuer sein muss.

Für zwei Personen:
Ca. 250 g absolut frisches Fischfilet, Salz (möglichst Fleur de Sel), Pfeffer, erstklassiges Olivenöl, etwas Zitrone

Das Filetstück sorgfältig parieren, nur das allerbeste, dicke Rückenstück nimmt man zum Marinieren. Der Rest geht in die Küche, für einen Sugo zu den Gnocchi (Seite 217), Kopf und Gräten für einen Sud.
Das Filet schräg in nicht zu feine Scheibchen schneiden. Auf einer Platte ausbreiten und behutsam würzen, mit Salz, Pfeffer und Öl. Gründlich mischen, damit alles zunächst von einem schützenden Ölfilm überzogen wird. Erst dann etwas Zitrone zufügen.
Zwei Nocken cremig weicher Polenta gibt's dazu (Rezept Seite 50), mit weißem Trüffel überhobelt – nach dem ersten Vollmond im September beginnt die Saison! Die Linien von einem grünlich schimmernden Olivenöl setzen einen Geschmacksakzent und sind zugleich Dekoration.

I

Wenn aus der Küche wieder eine neue Platte an den Tisch getragen wird, ist die Neugier groß: Welches Meeresgetier auch immer, die ersten Gänge werden roh angerichtet und serviert! Die Jakobsmuscheln (links unten noch in ihrer Schale) schneidet Mattea in dünne Scheiben und richtet sie mit dem Corail auf Tellern an. Ein paar Krümel des vorzüglichen Fleur de Sel aus dem nahen slowenischen Piran, Pfeffer, würziges Olivenöl und einige Tropfen Balsamico: der reine Genuss! Die kleineren Canestrelli (unten) werden ebenso gewürzt und ganz kurz in der Schale auf dem Grill erhitzt. Mutter Ornela kommt nur selten aus der Küche. Damir kümmert sich um den Einkauf – immer nur die besten, frischesten Fische! – und um den Wein.

Wolfsbarsch ableiten, macht andererseits sofort den hohen Anspruch deutlich, den Damir stellt: »Wir servieren ausschließlich absolut frischen, im offenen Meer gefangenen Fisch! Sonst gibt's halt keinen.« »Gestern«, berichtet er, »hatten wir Seezungen und *Sarago* (Geißbrasse), vorgestern *Orata* (Goldbrasse).« Mattea, die Tochter, rollt einen stabilen Servierwagen an den Tisch. Darauf ein Holzbrett und ein in perfektem Silber glänzender, mehr als ein Kilogramm schwerer Wolfsbarsch. Daneben eine Pfeffermühle, ein Töpfchen mit Fleur de Sel, eine halbe Zitrone und eine Flasche Olivenöl, eine Gabel, eine Pinzette. Im

Fach darunter liegen in ihren Schatullen zwei japanische Filiermesser, ein Titan- und ein Keramikmesser – alles sehr dezidiert und puristisch. Mattea ritzt die Haut ein, zieht sie mit energischem Ruck ab, löst die Rückenfilets von der Hauptgräte, entfernt alle grauen und rötlichen Partien, bis nur das makellos transparente Fleisch bleibt. Gleiches passiert mit den Bauchseiten. Gräten zieht sie säuberlich mit der Pinzette.
Währenddessen wird die erste Vorspeise serviert – rohe Scampi, nur mit Olivenöl, Salz, Pfeffer und Olivenöl angemacht, dazu ein intensiv duftender Melonenschnitz: Verblüffende Harmonie …
Mattea schneidet die Rückenfilets in Streifen, macht sie an – dann dürfen sie ein paar Minuten marinieren.
In der Zwischenzeit speisen wir die rohen Jakobsmuscheln. Anschließend den Barsch: Durch den perfekten Schnitt und das kurze Durchziehen ist das Fleisch von unendlicher Zartheit. Damir kommt an den Tisch, blickt fragend, aber ohne Zweifel. »Neulich war ein Sushi-Meister da, der hat gestaunt – so etwas gibt's sogar in Japan selten!«
Es folgen überbackene Canestrelli, eine Art von kleinen, intensiv schmeckenden Jakobsmuscheln, federleichte Gnocchi mit den Bauchseiten vom Seebarsch in wunderbarer Sauce, als Abschluss ein kompliziert zusammengesetztes, aber klar und eindeutig schmeckendes Schokoladendessert.
Es versteht sich von selbst, dass die vom Hausherrn vorgeschlagenen istrischen Weine ideal harmonierten!

Bis vor zwei Jahren hat nur Damir den Fisch vor den Augen der Gäste zerlegt. Jetzt darf auch Mattea, die 26-jährige Tochter, die diffizile Arbeit übernehmen. Sie hat jahrelang bei ihrem Vater gelernt, wie ein Sushi-Koch in Japan auch, erst einmal durch Zuschauen.

2

GNOCCHI MIT SEEBARSCHSUGO

Während die Gäste sich den Vorspeisen widmen, bereitet Ornela in der Küche zunächst den Fischsud, der die Basis für den Sugo ist, und die Gnocchi. Der Sugo selbst ist dann schnell zubereitet

Für vier Personen:
1 Rosmarinzweig, 1–2 frische Lorbeerblätter, 2 Knoblauchzehen, 2 EL Olivenöl, 1 Tasse Fischfond (siehe Tipp unten), ca. 300 g zerpflücktes Fischfilet, Salz, Pfeffer, 1 Portion Gnocchi (Seite 235), etwas frisch geriebener Grana oder Parmesan

Für den Sugo Rosmarin, Lorbeer und Knoblauch grob hacken, im Öl anschwitzen, Fischfond angießen, aufkochen und durch ein Sieb in eine Schüssel gießen. Die zerpflückten Fischstücke auf einem großen Stück Alufolie, mit Salz, Pfeffer und einigen Tropfen Olivenöl gewürzt, auf dem Grill oder im warmen Ofen nur kurz erwärmen. Zusammen mit den heißen Gnocchi zum Fond in die Schüssel geben. Alles gründlich durchschwenken, eventuell noch etwas gehackte Petersilie untermischen.
Auf vorgewärmten Tellern anrichten, den Käse auf den warmen Tellerrand streuen, nicht auf die Gnocchi – so schmilzt er nicht, sondern gibt nur seinen Duft.
Tipp: Den Fischfond kann man immer portionsweise parat haben, in Eiswürfelschalen eingefroren: 1 Zwiebel, 1 Knoblauchzehe, 1 Chilischote, 4 Lorbeerblätter zerkleinern und in etwas Olivenöl anrösten. Grob zerkleinerte Gräten, Fischköpfe (keine Haut, sie schmeckt tranig!) zufügen. Mit 1/4 l Wein ablöschen, einkochen. Mit Wasser bedecken und nochmals einkochen, aber höchstens 20 Minuten lang, sonst wird er klebrig.

2

LEBENDIGE HISTORIE

Novigrad, die »neue Stadt«, ist mindestens 1500 Jahre alt. Älter ist die Methode, unter der »Peka«, einer mit Glut bedeckten Glocke, zu kochen. Und viel älter die istrische Rinderrasse »Boscarin«.

Erst im 7. Jahrhundert wird »Neopolis« urkundlich erwähnt, archäologische Funde weisen aber darauf hin, dass die Halbinsel viel früher schon besiedelt war. Die wechselnde Zugehörigkeit zum Erzbistum Aquileija, zu Venedig, Österreich-Ungarn und Italien hat ihre Spuren hinterlassen – ein liebliches, lebendiges Städtchen, in dem der Tourismus floriert. Die Peka, auch Zadža oder Čripnje genannt, ist eine ursprünglich tönerne, später gusseiserne, heute oft aus pflegeleichtem Edelstahl bestehende Glocke, die über das in einer Pfanne liegende Gargut gesetzt und im Kamin mit Glut und Asche überhäuft wird. Darunter wird Fleisch, Fisch, Gemüse – mit Kräutern und Gewürzen vermischt, auch mit Olivenöl beträufelt – auf schonende Weise halb im eigenen Saft geschmort, halb in der feuchten Hitze gebraten/gebacken. Eine früher sehr beliebte Garmethode, denn einmal aufgesetzt, konnte man alles unbeaufsichtigt lassen und unbesorgt aufs Feld gehen. Für die moderne Gastronomie ist die lange Garzeit allerdings ein Problem, weshalb man die wohlschmeckenden, unter der Peka gegarten Gerichte nur in speziell dafür bekannten Konobe oder im privaten Kreis findet.

Novigrad, die Loggia in der Stadtmauer. Das steinerne Rad einer Ölmühle im Innenhof von »Torci 18« der Familie Beletić (siehe nächste Seite). Viele Touristen essen keine Muscheln, sammeln sie aber gern. Unter der Peka wird Hochrippe gegart – leider findet man Boscarin noch nicht in der Gastronomie.

Die istrische Rinderrasse Boskarin, die bereits in der Jungsteinzeit domestiziert wurde, ist vom Aussterben bedroht. von den kräftigen Arbeitstieren – die Römer benutzten sie zum Transport des istrischen Sandsteins, aus dem auch die Arena von Verona erbaut wurde! – gibt es derzeit nur noch gut 300 Stück. Sie wachsen langsam, die Kühe geben wenig Milch, aber das Fleisch der Ochsen schmeckt einfach sensationell. Also, Feinschmecker aller Länder, vereinigt euch: Bestellt das Fleisch dieser Rasse, um sie zu retten!

EDLES OLIVENÖL

Einst galt istrisches Olivenöl als eines der besten der Welt. Im Kommunismus ging das Qualitätsbewusstsein verloren, der Ruf war zerstört. Jetzt wird er wieder erkämpft: mit Mühe, aber Erfolg!

Die Familie Tranquilino Beletić, die in Novigrad das »Torci 18« betreibt (Restaurant mit Fischspezialitäten, inmitten der Stadt, aber nah am Meer), baute im Jahr 2000 eine moderne Ölmühle: »Al Torcio«. Dort wird die Ernte der eigenen Olivenbäume verarbeitet: Sortenrein gibt es die aus Italien bekannten Sorten Leccino, Bianchera, Moraiolo *und* Ascolano *sowie die istrischen Sorten* Buža *und* Bjelic, *würzig und fein.*

In den Gewölben der Arena von Pula dokumentiert eine Ausstellung den Olivenanbau zur Römerzeit: Schon damals wurde das feine Aroma des istrischen Öls geschätzt. Die ausgeglichenen Temperaturen dieser relativ nördlichen Lage fördern die Ausbildung feiner, fruchtiger Säuren, das Öl schmeckt weniger breit als das aus südlicheren Regionen. Im Habsburger-Reich war es das »Baumöl« aus eigenen Landen und wurde allen anderen vorgezogen.

In der Tito-Zeit ging das Interesse an landwirtschaftlicher Produktion verloren – im Tourismus verdiente man sein Geld leichter, zumal die staatlich verordneten Preise statt Qualität nur Quantität förderten.

Der Krieg von 1991 vernichtete die Arbeitsplätze im Gastgewerbe, die Leute fanden Zeit, sich wieder um ihre Felder und Bäume zu kümmern, sicherten sich mit deren Erträgen ihr Überleben. Nach dem Frieden kam der touristische Aufschwung, orientierte man sich an internationalen Standards und wuchs ein neuer Anspruch an die Produktqualität.

Wo die Besitzer sich wenig um ihre Bäume kümmern, übernehmen Ölmühlen mit mobilen Einsatztrupps die Ernte und pressen uninteressante Gebrauchsware. Engagierte Erzeuger arbeiten sorgfältiger, gewinnen mit modernen Verfahren reine und aromatische Öle, die wieder konkurrenzfähig sind.

TRÜFFELN? ZIGANTE!

Zehn Sorten Trüffeln wachsen in Istrien – eine von ihnen hat immer Saison. Aber nur die schwarzen und vor allem die weißen Trüffeln begeistern von September bis Januar ihre Liebhaber!

Jahrhundertelang entwickelte sich in Istriens Erde alljährlich ein Schatz und verging ungehoben: Niemand ahnte, dass hier die edle weiße Trüffel, *Tuber magnatum,* gedeiht. Und zwar genau die gleiche, die in Piemont so begehrt ist, in aller Welt Höchstpreise erzielt und jedes Jahr neue Ströme von zahlungskräftigen Kulinariern ins Land lockt. Bei Arbeiten an einer Bahntrasse waren italienische Arbeiter 1929 auf die intensiv duftenden Knollen gestoßen. Erst 1966 hat ein Italiener systematisch gesucht und rucksackweise Trüffeln abtransportiert – da schritt die Forstverwaltung ein und seither muss man sich eine Lizenz besorgen.

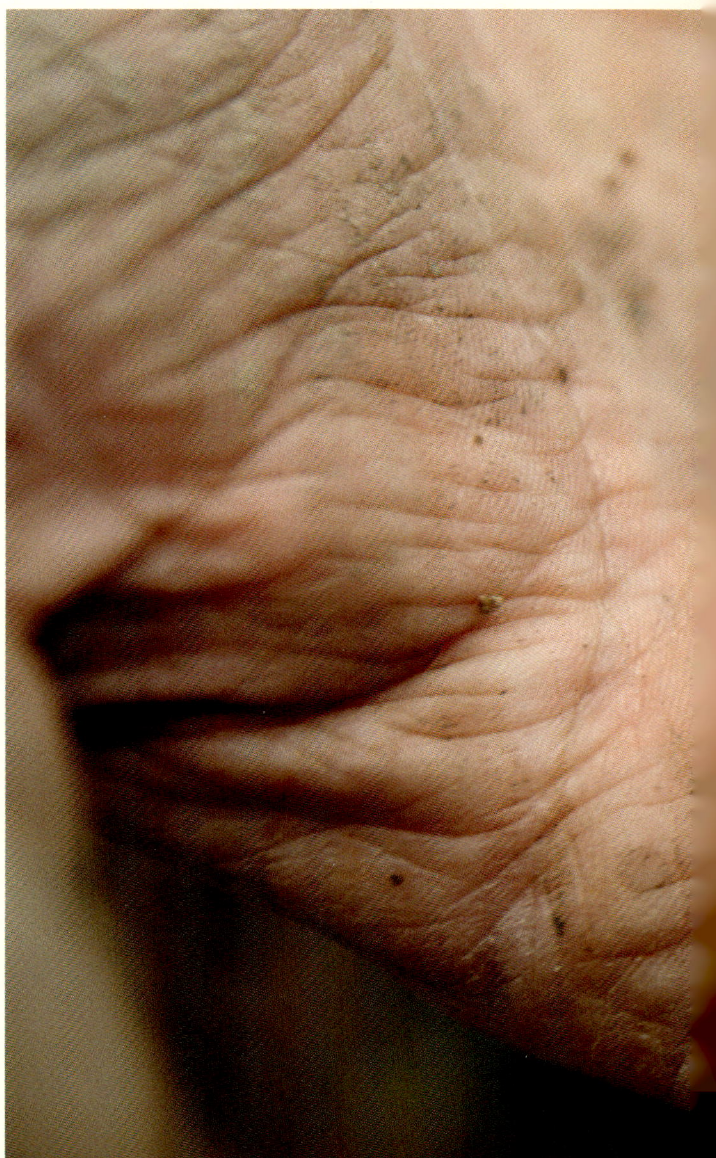

Im Jahre 1973 hat Giancarlo Zigante, gelernter Werkzeugschlosser, zufällig gehört, dass man mit diesen merkwürdigen Pilzen gutes Geld verdienen kann. Er hat sich einen Hund gekauft und ist morgens vor und abends nach der Arbeit in den Wald gezogen. Bis 1990 hat er über eine Tonne Trüffeln aus dem Boden geholt! Zusammen mit Marino Markežić entwickelte er eine Vermarktungsstrategie, kaufte die Ernte vieler Trifolai auf. 1999 fand er eine Trüffel von 1,31 Kilogramm – Weltrekord im Guinness-Buch – das sorgte für Aufsehen: Heute liefert Istrien zwischen 10 und 20 Tonnen Trüffel pro Jahr! Die Preise variieren stark von Jahr zu Jahr, große Trüffeln erreichen im Handel 3000 Euro, Knöllchen unter 10 g können beim Trifolai schon für 100 €/kg zu finden sein. Gewiss geht ein Teil nach Alba, um dort noch teurer verkauft werden zu können, aber inzwischen hat die istrische Trüffel einen Ruf und geht vor allem an

MIRNATAL – VOM ZUFALLSFUND ZUM WELTREKORD

Das Städtchen Motovun dominiert von seinem malerischen Sitz auf einer Bergkuppe das tief eingeschnittene, aber breite Karsttal der Mirna: Das zentrale Gebiet der weißen Trüffel. Hier, im kleinen Ort Livade, hat Giancarlo Zigante seinen Betrieb angesiedelt – mit Großhandel, Verarbeitung für haltbare Trüfffelprodukte, Ladengeschäft (auch in anderen Städten Istriens), dem hochgelobten Restaurant und einigen luxuriös eingerichteten Landhauszimmern.

TRÜFFELSUCHE – MIT GEDULD UND EINEM GUTEN HUND

Licht sind die Wälder auf der Talsohle der Mirna. Trifolai Mario ist mit seinen Hunden Mito und Nero nicht der einzige, der hier herumstreift: Der Wald ist durchzogen von lehmig-matschigen Trampelpfaden. »Da können elf Hunde schon an diesem Morgen an einer Stelle vorbeigekommen sein und haben trotz ihrer feinen Nase nichts entdeckt – und dann kommt der zwölfte und erschnüffelt eine schöne Trüffel. Es ist ein Mysterium – es kann sein, dass eine Trüffel nur 15 bis 20 Minuten lang ihren Duft verströmt, dann wieder aufhört. Und vielleicht am nächsten Tag noch einmal –dann ist Schluss! Eine Trüffel wird reif, duftet und vergeht. So einfach ist das …« Gar nicht einfach ist die Ausbildung der Hunde, die drei Jahre dauert. Mito ist ein begabter Aufspürer: Schnüffelt hier und dort, springt rechts und links ins Gebüsch. Plötzlich hält er inne, scharrt kurz, steckt die Schnauze ins Loch, scharrt etwas nach links, schnüffelt wieder, will jetzt heftiger buddeln. Aber schon ist Mario da, schubst ihn beiseite, nimmt sein Grabeisen und hebt vorsichtig einen Brocken Lehm aus der Erde. Er drückt ihn vorsichtig: Eine Trüffel von etwa 10 Gramm – das bringt nicht viel, vielleicht isst er sie selbst. Weiter geht's. Plötzlich gebärdet sich der noch auszubildende Nero wie wild, springt mit einem Satz ins hohe Gras, kratzt und wühlt. »Das ist nichts, nur eine Maus«, sagt Mario. Nach vier Minuten schlägt Mito wieder an. Kurzes Buddeln, Mario unterbricht, gräbt – Mito schaut gespannt zu! – eine schöne Trüffel aus, 30 Zentimeter tief, etwa 40 Gramm schwer. Ein Stückchen ist abgeschnitten worden: Mito darf es verspeisen, wird getätschelt, schnuppert noch einmal an der Trüffel, stiebt wieder los. Mario glaubt, es könne heute ein guter Tag werden …

Handel und Gastronomie (die dann gerne behauptet, es seien Alba-Trüffeln).

Italien ist, was weiße Trüffeln betrifft, eben das Maß aller Dinge. Unbeabsichtigt haben die Venezianer bei der Ausbeutung des Landes zum Trüffelboom beigetragen: Sie holten aus Istriens Wäldern jene Unmengen von Eichen, die sie für den Bau ihrer Kirchen und Paläste in der Lagune benötigten (alleine für Santa Maria della Salute wurden über eine Million Eichenstämme in den Grund gerammt!). Um das Holz aus dem Landesinneren abtransportieren zu können, wurden die Sümpfe im breiten Teil des Mirnatals trocken- und ein schiffbarer Kanal angelegt. Dessen Anstieg für die 27 Kilometer beträgt vom Meer an gerechnet nur 16 Meter! Das Kleinklima ist hier daher vom Meer geprägt: wärmer und feuchter als in den übrigen Regionen Istriens. Und im lehmigen, kalkigen, das Wasser speichernden Schwemmboden der Talsohle findet die weiße Trüffel ideale Bedingungen, es gedeihen genau die richtigen Bäume: Eichen, Pappeln, Linden, Weiden. Ein Trüffel-Dorado!

Das Trüffelgeschäft ist hier freilich nicht durchsichtiger als in Piemont, in den Appenintälern von Romagna und Marken oder der Toskana. Der Handel geht so geheimnisvoll vonstatten wie im Périgord und der Drôme für die schwarzen Knollen. Diesen *Tuber melanosporum* (November bis Mitte März) findet man in Istrien ebenfalls häufig. Zigante vermarktet und verarbeitet sie alle, außerdem *Tuber arestivum* (Mai bis Oktober) und *Tuber brumale* (Oktober bis Mitte März), die weit weniger aromareichen Sommer- und Wintertrüffeln. Sommertrüffel sind innen ähnlich hell und marmoriert wie die weißen, aber außen dunkel, Wintertrüffel außen heller als die schwarzen und innen grau. Touristen werden schon mal gerne getäuscht…

Geschmack, Konsistenz, Farbe und die mehr oder weniger ausgeprägte Maserung der weißen Trüffeln hängt davon ab, unter welchem Baum sie gewachsen sind. »Eine in Symbiose mit einer Pappel gewachsene Trüffel ist heller als eine Eichen-Trüffel – aber ganz sicher kann man das nie sagen …« Giancarlo Zigante wiegt den Kopf, will sich nicht festlegen: »Niemand ist in der Lage, eine Piemonteser von einer toskanischen oder istrischen zu unterscheiden! Es gibt hier wie dort gute und schlechte Ware, das ist alles!«

Zigante und Markežić haben sich Kluges ausgedacht: Die kleinen, weniger guten oder überreifen und weichen Trüffeln werden verarbeitet: Zu Trüffelpasten oder zu ausgezeichnetem Trüffelöl. Nur die besten kommen in den Handel. Diese Qualitätsgarantie zahlt sich aus, Zigante erzielt gute Preise. »Die Italiener freuen sich, dass wir etwas weniger verlangen als Alba, aber die Deutschen finden alles immer zu teuer.« Er zuckt mit den Schultern. Solche Vorurteile sind ihm egal: Seine Trüffeln finden immer Liebhaber – in seinem Restaurant, in dem er auch die zu Trüffeln so ausgezeichnet passenden istrischen Spitzenweine anbietet, weißen Malvazija und roten Teran.

I

KARTOFFELÜBERRASCHUNG

Ein Törtchen aus Kartoffelpüree, aus dem flüssiges Eigelb fließt, wenn man mit der Gabel gräbt. Eine höchst angenehme Überraschung. Obenauf: weiße Trüffel!

Für vier Personen:
800 g mehlige Kartoffeln, ca. ⅛ l Milch, 2 EL Butter, Salz, Muskatnuss, 4 Eigelb, etwa ¼ l Bratenjus, Trüffel, Petersilie

Die Kartoffeln in der Schale gar kochen, pellen und durch die Presse in die heiße Milch drücken. Butter zufügen, Salz und Muskat. Mit einem Schneebesen luftig aufschlagen. Die Eigelb einzeln, jeweils auf einem Stück Klarsichtfolie, bereits am Vortag in den Gefrierschrank stellen. Zum Servieren einen Löffel Kartoffelpüree in einem Ring auf den Teller platzieren, ein gefrorenes Eigelb daraufsetzen, mit Kartoffelpüree auffüllen. Den Ring abziehen. Etwas Bratenjus darauf verteilen, mit Petersilie schmücken und (mit großzügiger Hand!) Trüffel darüberhobeln.

2

SELLERIECREMESÜPPCHEN

Duftig und zart und federleicht. So köstlich, dass man es durchaus auch ohne Trüffelbeigabe genießen kann.

Für vier bis sechs Personen:
1 Zwiebel, 1 Knoblauchzehe, 40 g Butter, 1 Kartoffel, 250 g Sellerieknolle, ¼ l Brühe, Salz, Pfeffer, 200 g Sahne, Muskat, Zitronensaft und -schale, eine Spur Cayenne, weiße Trüffel

Zwiebel und Knoblauch würfeln, in der Butter andünsten. Kartoffel hinzureiben, gewürfelten Sellerie zufügen und mit Brühe auffüllen. Salzen, pfeffern und zugedeckt eine halbe Stunde weich kochen.
Sahne angießen, mit dem Pürierstab glatt aufmixen. Die Suppe darf nicht zu dick sein, sonst mit einem Schuss Brühe etwas verdünnen. Gut abschmecken, vor allem mit sanfter Säure und einem Hauch Schärfe! Vor dem Anrichten nochmals kurz mit dem Mixstab luftig aufmixen. Die Trüffel erst am Tisch darüberhobeln.

Das »Zigante« ist ein Wallfahrtsort für Trüffelfreunde. Im Laden verkauft Giancarlo die frischen Knollen (»meiden sie alle, die nach Knoblauch riechen!«), seine Trüffelprodukte, Olivenöl sowie erstklassige istrische Weine.

I

2

WEIN & GUTE KÜCHE

Beides ist untrennbar. Deshalb ist es ideal, wenn der Winzer Wirt ist. In den nördlichen Hügeln Istriens bei Momjan gedeihen interessante Weine und lockt ein viel gerühmtes Landgasthaus.

In der Nordwestecke Istriens, um Buje, ist die hügelige Landschaft durch Wein geprägt, für den Boden und Klima hier wie geschaffen sind. Eines der nördlichsten Weingüter dieser gesegneten, lieblichen Region ist Kabola Vini in Kremenje. Das liegt in der Nähe von Momjan, wo (neben der allgegenwärtigen Malvazija) eine Rebsorte ganz besonders gut gedeiht und deshalb auch so heißt: Muskat Momjanski. Im Allgemeinen wird der als Spät- oder Auslese leicht süß ausgebaut. Winzer Marino Markežić jedoch liest die Trauben früh, in heißen Jahren bereits Mitte August, sonst Anfang September, und macht daraus in seinem ebenso stilvoll wie perfekt ausgestatteten Keller (sogar ein kleines Weinmuseum hat er darin eingerichtet!) einen kraftvollen, trockenen Wein, der mit seinem üppigen Parfum fabelhaft zu Trüffeln, aber auch zu Fisch und Meeresfrüchten passt. Wie gut ihm das gelungen ist, lässt sich in seiner »Konoba Marino«, nur drei Kilometer entfernt, überprüfen. Ein gepflegtes Restaurant, in dem, wie überall hier auf dem Land, ein gewaltiger Kamin für Wärme sorgt, der aber auch für die Zubereitung vieler Speisen unersetzlich ist. Brot, das über offener Glut geröstet wird, schmeckt anders als aus dem Toaster oder Backofen! Die Küche ist fein ausgeklügelt, aber bodenständig. Spezialität, *Fuži:* Dünner Nudelteig wird in zweifingerbreite Rauten geschnitten, dann führt man jeweils zwei Ecken jedes Teigfleckchens zusammen und drückt sie fest. Klingt mühsam, mit etwas Übung geht es fix und sieht entzückend aus (siehe nächste Seite).

1

CROSTINI MIT WEISSEN TRÜFFELN

Für vier Personen:
4–8 Weißbrotscheiben, weiße Trüffel
Béchamelsauce:
2 EL Butter, etwas Schinkenfett, 1 kleine Zwiebel, 1 gehäufter El Mehl, 300 ml Milch, 1 Lorbeerblatt, 5 zerdrückte Pfefferkörner, wenn vorhanden einige Petersilienstängel, Salz, Muskat

Die Sauce kann man schon am Vortag kochen: Butter aufschäumen lassen, das klein geschnittene Fett darin andünsten, auch die fein geriebene Zwiebel. Erst dann das Mehl hineinrühren und alles hellgelb anschwitzen. Die Milch angießen, Lorbeer, Pfeffer und grob zerkleinerte Petersilienstiele zufügen. Salzen. Leise etwa 20 Minuten köcheln, dann durch ein Sieb filtern, nochmals abschmecken, mit Muskat würzen. Die Sauce kalt stellen. Sie wird dann so fest, dass man sie aufs Brot streichen kann.
Zum Servieren die Brotscheiben rösten, mit Bechamel bestreichen und großzügig weiße Trüffel darüber hobeln.

2

KÄSE-FRITTO

Kinderleicht, schnell gemacht und richtig gut – einen Rohmilchkäse von ausgewogenem Aroma vorausgesetzt.

Für vier Personen:
4 knapp zentimeterdicke Scheiben vollfetter Schnittkäse, Milch zum Einpinseln, Mehl zum Wenden, Butter zum Braten

Den Käse entrinden, mit Milch einstreichen und dann in Mehl wenden, so dass die Scheiben davon überall hauchzart überzogen sind.
Auf kräftigem Feuer, in einer möglichst beschichteten Pfanne, auf beiden Seiten braten, bis rundum eine krosse goldene Kruste entstanden ist. Sofort servieren, so lange der Käse noch richtig heiß ist! Trüffel darüberreiben.
Er schmeckt übrigens auch ohne Trüffel, zum Beispiel mit einem Tomatensalat oder mit Essiggürkchen und Silberzwiebeln.

3

ZIEGENKÄSE-RAVIOLI

Für vier bis sechs Personen:
250 g Mehl, 2 ganze Eier, 2 Eigelb, ½ TL Salz, 1 Eiweiß, 200 g Ziegenfrischkäse
Leichte Käsesauce:
2–3 EL Butter, 50 g frisch geriebener Parmesan (oder Grana), ca. 1 Tasse Nudelkochwasser

Aus Mehl, ganzen Eiern und Eigelb einen Nudelteig kneten, Salz gleich zu Beginn einarbeiten. Den weichen Teig in Folie gehüllt bei Zimmertemperatur eine halbe Stunde ruhen lassen. Dann ausrollen, hauchdünne Teigbänder herstellen und mit Eiweiß einpinseln. Auf die eine Hälfte in gleichmäßigen Abständen mit einem Teelöffel Ziegenkäse setzen, die leere Hälfte des Teigbands darüberklappen und jeweils rund um die Füllung behutsam festdrücken. Mit einem Teigrädchen Ravioli ausschneiden. Zum Servieren nur zwei Minuten in leise wallendem Salzwasser gar ziehen lassen.
Für die Sauce die Butter in einer Kasserolle zum Schmelzen bringen, den Käse hineinrühren und mit heißem Nudelkochwasser auffüllen. Etwa fünf Minuten kochen, mit Salz (damit ganz vorsichtig umgehen), Pfeffer und Muskat würzen.
Die garen Ravioli mit einer Schaumkelle aus dem Kochwasser heben und direkt auf den vorgewärmten Tellern anrichten. Mit einem guten Klecks Sauce übergießen und so großzügig wie möglich mit Trüffeln überhobeln.

1

2

4
FUŽI IM FRICCONEST

Fuži, eine Pastasorte, die zwar Arbeit macht, aber einfach entzückend aussieht und wie alle hausgemachten Nudeln umwerfend gut schmeckt. Im Teig stecken noch mehr Eier, als üblich, er ist dadurch noch gelber und bekommt noch mehr Biss. Fricco, die hübschen Käsekörbchen aus geschmolzenem Bergkäse, brauchen ebenfalls ein wenig Geduld. Sie werden auf milder Hitze in einer beschichteten Pfanne gebraten.

Für vier bis sechs Personen:
1 Portion Nudelteig (wie für Ravioli, zusätzlich je 1 ganzes Ei und 1 Eigelb), 1 Portion Käsesauce (wie oben), 400 g geriebener Käse

Den Teig wie im Rezept für Ravioli beschrieben herstellen und ruhen lassen. Fuži herstellen, wie in den Bildern zu sehen.
Für die Friccos die Pfanne nur milde vorheizen, dann jeweils 100 g Käse hineinstreuen und zu einem Rund von ca. 14 Zentimetern Durchmesser zusammenschieben. Langsam schmelzen, bis sich der Käse richtig verbindet, dann mit einem Bratenwender drehen und auch auf der anderen Seite sanft bräunen. Über einer umgestülpten Tasse abkühlen und fest werden lassen, damit Körbchen entstehen.
Zum Servieren die Fuži in höchstens zwei Minuten gar kochen. In der heißen Käsesauce wenden und im Käsekörbchen anrichten.

3 4

KLEIN UND FEIN

Das hübsche Landhotel »San Rocco« könnte auch in der Provence oder auf Mallorca stehen. Ein liebevoll, privat geführtes Haus, das dem ruhesuchenden Gast alle Annehmlichkeiten bietet.

Nur fünf Kilometer vom Meer entfernt, auf einem Hügel zwischen Novigrad und Buje liegt Brtoniglia, italienisch Verteneglio. Ein verschlafenes, malerisches Nest, in dem eine Gruppe von Häusern aus dem roh behauenen, hiesigen Stein gleich ins Auge fällt, weil sie als Ensemble so harmonisch wirken. Es ist der Stein gewordene Traum des Tullio Fernetich: Er hat nach dem Krieg sein Elternhaus nach und nach erweitert, zwölf angenehme Gästezimmer an- und ausgebaut, dazu ein Pool, ein gepflegter Garten mit Obstbäumen, ein Terrassenrestaurant mit gerühmter Küche. Alles mit Stil und Geschmack und Sinn für schöne Materialien. Er sieht zufrieden aus und deutet auf das Gebäude: »Ist es nicht verrückt: Vier Generationen wurden hier geboren. Der Großvater als Österreicher, mein Vater als Italiener, ich als Jugoslawe, mein Sohn als Kroate – wie wird es weitergehen?!«

Die Gäste genießen im Haus oder draußen unter weißen Schirmen die Ruhe. Wer sich tags mit Obst begnügt (im Garten zu pflücken), darf abends schlemmen: Scampi-Buzara, die schnell gemacht ist: Knoblauch und Petersilie in Olivenöl andünsten, Grieß mitrösten, Scampi und ein Glas Wein dazu. Zugedeckt fünf Minuten köcheln – fertig! Oder der Drachenkopf: Schuppen, schräg einschneiden, salzen, pfeffern. Auf knapp mit Wasser bedeckte Kartoffel- und Möhrenscheiben legen, Olivenöl drüber und ein Kieselstein dazu (der gibt Aroma, schwört der Koch) im Ofen 20–25 Minuten garen: traumhaft!

KVALITETNO
SUHO
VINO

EIN WINZERTREFF

Was so derb und urig aussieht, ist eins der besten Gasthäuser Istriens. Hier wird sorgfältig gekocht, immer frisch und mit allerbesten Zutaten. Kein Wunder, dass hier die Winzer gerne sind!

Und so gibt es in der Konoba »Malo Selo« einen reich bestückten Keller. Sie ist von Buje aus nicht weit, aber ganz schön unwegsam zu erreichen und wirkt auch von außen nicht besonders fein. Eine kühne Mischung von An- und Umbauten, aus der Scheune wurde noch ein zusätzlicher Speisesaal. Im Sommer sitzt man tags natürlich draußen. Sobald es kühler wird, ist man am liebsten drinnen, beim Kamin. Der ist eine regelrechte Kochstelle: Eine riesige Steinplatte in Tischhöhe, darauf ein ausladender Eisenrost, unter dem die Glut nie verlischt. Immer neue dicke Holzscheite werden hinter ihm an die Wand gelehnt; von der heruntergebrannten Glut fegt der Koch mit einem Haken die nötige Portion unter seinen Rost, für seine Steaks, riesige Ochsenkoteletts oder Schnitzel; Brot wird immerzu gegrillt. Und so durchziehen den Raum verführerische Düfte, vermischt mit dem alles durchdringenden Parfum der Trüffel, an denen man hier nicht sparen muss. Murmelkleine Kugeln bringen beim Verkauf kaum Verdienst, aber fein über warme Crostini oder Gnocchi geraffelt großen Genuss: Denn das vergrößert die Oberfläche immens und steigert den Duft beträchtlich. Viel Aroma für wenig Geld! Die ganze Familie Posavec packt hier an, Vater Danko, Mutter Mira, sogar die drei erwachsenen Töchter, die im Gegensatz zu den Eltern alle drei die Hotelfachschule abgeschlossen haben. Und sie haben alle gut zu tun!

1

GNOCCHI

Für sechs Personen:
650 g Kartoffeln, 150 g Mehl, 1 Ei, Salz
Zum Schwenken: ca. 3–4 EL Sahne, 2–3 gehäufte EL frisch geriebener Parmesan oder Grana

Kartoffeln gar kochen, pellen, durch die Presse auf die Arbeitsfläche drücken. Ausbreiten, ein wenig ausdampfen lassen. Das Mehl darauf verteilen, Ei und Salz zufügen. Mit den Fingerspitzen zum Teig kneten. Rollen vom Durchmesser eines 20-Cent-Stücks formen. Zentimeterdicke Scheiben abschneiden und mit Mehl bestäuben, damit sie nicht aneinander kleben. In reichlich Salzwasser zwei Minuten gar kochen, bis sie oben schwimmen. Herausheben, in einer Schüssel mit Sahne und Käse mischen und schwenken, bis sie cremig überzogen sind.

2

ISTRISCHE BOHNENSUPPE

Die Maneštra, ein herzerwärmender Eintopf, wie man ihn an kalten Tagen liebt!

Für vier bis sechs Personen:
1 große Zwiebel, 2–3 Knoblauchzehen, 2 EL Schweineschmalz, 50 g Speck (oder Schinkenfett), 1 kleine Möhre, das Weiße einer Lauchstange, 1 EL Mehl, ¾ l Brühe (am liebsten aus Schinkenknochen und Suppengrün), 500 g Kartoffeln, Salz, Pfeffer, 2 Pimentbeeren, 1 kleine Chilischote, 400 g gekochte braune Bohnenkerne, 1 kleine Dose Maiskörner (400g)

Zwiebel und Knoblauch fein würfeln, im Schmalz andünsten. Speck, Möhre und Lauch – ebenfalls sehr klein gewürfelt – mitschmurgeln. Mit Mehl bestäuben und hell anrösten. Mit Brühe bedecken und aufkochen. Die Kartoffeln in zentimeterkleine Würfel schneiden, zerdrückte Pimentbeeren und Chili zufügen. Salzen und pfeffern, auf mittlerem Feuer eine halbe Stunde leise köcheln.
Die Hälfte der Suppe durch ein Sieb streichen, alles mischen, auch Bohnenkerne und Mais unterrühren. Die Suppe herzhaft abschmecken, in tiefen Tellern servieren und mit frischem, »rohem« Olivenöl beträufeln.

1

Zum Nachtisch junger Ziegenkäse, mit Olivenöl beträufelt. Wirtin Mira reibt später Walnüsse darüber – passt gut! –, mit derselben feinen Raffel, mit der sie über die Gnocchi reichlich Trüffeln verteilt.

DER SCHMELZTIEGEL

Österreich, Italien und immer schon dem Balkan ziemlich nah. In Triest mischen sich die Welten seit altersher. Die Stadt war und ist eine Schnittstelle, die südliche Pforte zu Mitteleuropa.

Wer mit verbundenen Augen nach Triest geführt wurde, kann nicht glauben, dass er in Italien ist! Kein Wunder: »Machen Sie es so wie in Wien,« soll Kaiser Franz Josef seinen Stadtplanern gesagt haben, die Triest zum bedeutendsten Hafen Mitteleuropas ausbauen sollten, »nur a bissel kleiner.« Bereits seit 1382 gehörte Triest zum Habsburger-Reich, war sein Zugang zum Meer, wurde 1719 Freihafen und wuchs unter Maria-Theresia von damals 5000 Einwohnern auf das vierfache. Handel mit der ganzen Welt brachte Wohlstand; Banken und Versicherungen siedelten sich an, Menschen von überall, die hier ihr Glück und Auskommen suchten.

Die Stazione Marittima, 1930 als prachtvolle Landungsbrücke für Luxusliner im damals drittgrößten Hafen der Welt gebaut, unnütz geworden, nachdem Triest durch den Zweiten Weltkrieg an den Rand Europas gerückt war. Nach dem Fall des eisernen Vorhangs befindet sich die Stadt wieder in seiner Mitte. Der Hafen ist in die große Bucht nach Süden abgewandert, das stattliche Art-déco-Gebäude topmodernes Kongresszentrum. Davor die Statue Nazario Sauros von Antonio Selva, Symbolfigur eines italienischen Istriens. Linkerhand die Uferlinie mit ihrer prunkvollen Schauseite. In deren Mitte öffnet sich der Salon der Stadt, die Piazza Unità. An ihrem Ende der Canal Grande, den Maria Theresia hatte anlegen lassen, ein kleiner Graben, der seinem pompösen Namen so gar nicht entspricht.

Der größte Teil des Kaffees, den Italien trinkt, wird im hiesigen Hafen umgeschlagen. Dass das so bleibt, dafür kämpft der charismatische Grünen-Politiker Ricardo Illy, Kaffeeproduzent in vierter Generation. Von den schönen, alten Kaffeehäusern ist nur noch das »San Marco« original erhalten, die anderen wurden kaputt saniert. Die Jugend nimmt ihren Nero *(Espresso),* Capo *(wie hier der Macchiato heißt), oder* Gocciato *(wenn nur ein Tröpfchen Milch ihn sanft erblonden lässt) in eher coolen Bars, die meist auch Eis anbieten. Die »Antica Trattoria Le Barettine« in einer Seitengasse oberhalb der Piazza Cavana – eine einfache, urgemütliche Kneipe: In der Vitrine der Tagesfang an Fisch, ein riesiger Prager Schinken, ein Kürbis, dazu der Hauswein in der Karaffe: alles vorzüglich! Ein fabelhafter Cicerone für seine Wahlheimat ist der deutsche*

Endlose Hafenmolen wurden angelegt, Umschlagplätze, Speicher, die Stadt mit Palästen ausstaffiert. Die Piazza Unità, absolut quadratisch, riesig, zum Meer hin offen, ein wahrlich imperialer Platz, säumen prächtige Gebäude: Das Rathaus mit Uhrturm, der Triestiner (einst Österreichischer) Lloyd, Regierung, Bibliothek, in der Mitte der barocke Brunnen mit den (damals erst bekannten) vier Kontinenten und der imposanten Säule, auf der Karl VI. auf seinen Freihafen zeigt (Bild Seite 240).

Es herrschte in Triest die Großzügigkeit kosmopolitischen Geistes. Ein wohlhabendes, gelassenes Bürgertum sorgte dafür, dass dieses – womöglich unter bedrängten Bedingungen explosive – Völkergemisch sich entfalten konnte, friedvoll und sich gegenseitig befruchtend miteinander auskam. Völlig selbstverständlich sprach man mehrere Sprachen, Deutsch und Italienisch auf jeden Fall, Slowenisch, Ungarisch ...

Das auch im übertragenen Sinn milde Klima der geradezu rauschhaft aufblühenden Stadt in seiner geschützten Bucht am Nordende der Adria zog die Menschen aus aller Welt an. Nicht nur Rilke hat sich (trotz seiner Elegien) im nahen Duino wohl gefühlt, James Joyce hat hier sieben Jahre lang störrischen Großbürgertöchtern Unterricht erteilt – und nebenbei an seinem Ulysses geschrieben.

Den Schmelztiegel Triest kann man natürlich auch, vielleicht sogar am besten, beim Blick in die Kochtöpfe auskundschaften. Denn sämtliche Zu- und Einwanderer haben ihre Lebensgewohnheiten, Vorlieben und Rezepte mitgebracht. Dem österreichischen Erbe begegnet man in den noch heute ungezählten Cafés und Konditoreien in Form von Torten, Beugeln und Hefeteilchen, und in Kneipen beim Gulasch Kaiserfleisch und vor allem dem geliebten Prager Schinken mit frischem Cren (wie der Meerrettich in Anlehnung ans österreichische Kren hier heißt). Die Kaufleute haben aus Arabien Mandeln und Marzipan, aus Portugal den Baccalà im Gepäck gehabt. Aus dem italienischen Süden stammen die Rezepte mit Tomaten, Zitrusfrüchten, Muscheln, die im klaren Wasser der Triestiner Bucht bestens gedeihen; überhaupt all die herrlichen Fische und Meeresfrüchte aus der Adria! Nicht zu vergessen die Pasta!

Schriftsteller Veit Heinichen, der hier längst Wurzeln geschlagen hat. Seine Lebensgefährtin, Ami Scabar, gilt als beste Köchin Triests (nächste Seite). Er engagiert sich in der Lokalpolitik, lebt im ehemaligen Haus der singenden Trappfamilie mit Blick auf das Meer und das Zauberschloss Miramar, das mit seinem tropischen Garten zu besichtigen ist. Sandstrand kennen die Triestiner nicht – es gibt am klaren Meer nur Felsen und Pontons.

GRANMALABAR
VITT. TOSO SUCC.
DROGHERIA
DROGHERIA
VITT. TOSO SUCC.

SIMČIČ
CHARDONNAY

Im luftig-schattigen, von wildem Wein überwucherten Wirtsgarten des »Pettirosso« wird der hoch aromatische, zwar salzige, aber dichte, weil 24 Monate gereifte Karstschinken hauchdünn aufgeschnitten – nussig und süß beherrscht er die Zunge … Dazu das erste Glas eines ziemlich dunkel gefärbten Weißweins, gekeltert aus der Vitovska-Rebe, die ebenfalls nur im Karst vorkommt. Die Gebrüder Valter und Paolo Vodopivec, lassen Sauerstoff an den Wein, damit er sich entwickelt und voll entfaltet. Das hat Tradition, will aber gelernt sein, damit der alkoholreiche Wein – man sieht, dass er im Glas Schlieren zieht – nicht breit und schwer schmeckt. Man braucht dazu erstklassiges, vollreifes Lesegut, das aber seine Säure bewahrt hat. Dann werden die weißen Trauben zunächst wie Rotwein eingemaischt, gären also auf den Schalen, ehe der Wein abgepresst wird und im Holzfass reift. Zu dem eigenwilligen, faszinierenden Wein schmecken die in Brösel gewendeten und ausgebackenen Artischockenherzen (links im Bild), die am Spieß gegrillten Sardellen auf Tomaten (rechts) oder die Pasta mit Sardellenfilets, beide Gerichte mit zwei Saucen serviert: Zum einen mit Olivenöl, Pfeffer, Salz und geschmolzenen Tomaten, die mit rohen Tomatenwürfeln erfrischt wurden, zum anderen eine würzige Basilikumsauce (siehe nächste Seite, Rezept Muschelteller).

1

2

1

CARPACCIO VOM POLIPO

Das deutsche Wort für diesen Tintenfisch klingt brutal: Krake, Oktopus ist netter! Piovra sagt man in Triest dazu. Man kann sie auch bei uns in guter Qualität finden.

Für sechs bis acht Personen:
2 mittelgroße Kraken, 1 Lorbeerblatt,
1 TL Pfefferkörner, 1–2 EL Salz, 1 Selleriestange,
3–4 reife, festfleischige Tomaten.
Basilikum-Pesto: 1 Tasse Basilikumblätter, Salz,
½ Tasse Pinienkerne, 2 EL Pecorino, 1 Tasse Olivenöl

Die Tintenfische in aufkochendes Salzwasser versenken, Lorbeerblatt, Pfeffer, Salz und Sellerie zufügen. Erneut aufkochen, dann unterhalb des Siedepunkts 10 Minuten leise ziehen lassen. Abschalten und in der nachlassenden Hitze nachziehen lassen. Noch gut warm herausholen, fest in Klarsichtfolie wickeln, dabei zu einem länglichen Paket formen. Abgekühlt im Gefrierfach ganz kurz oder – besser! – über Nacht im Kühlschrank fest werden lassen.
Zum Servieren auf der Aufschnittmaschine hauchdünn aufschneiden und auf Tellern hübsch drapieren. Würfel von kleinen, geschälten und entkernten Tomaten darauf verteilen, ebenso Kleckse vom Pesto, aus den angegebenen Zutaten frisch zusammengemixt.
Dazu passt eine Glera (gleiche Rebsorte wie für Prosecco) von Sancin oder eine Vitovska (weiße Rebsorte des Carso) von Zidaric.

2

MUSCHELTELLER

Miesmuscheln, ein paar Teppichmuscheln – wie die flachen *Vongole verace* richtig übersetzt werden! – sowie einige der langen Scheiden- oder Messermuscheln, die man inzwischen auch bei uns manchmal frisch bekommt – dann gleich zugreifen, denn sie sind wunderbar fleischig, saftig und wohlschmeckend.

Für vier bis sechs Personen:
1 kg Miesmuscheln, 1 kg Vongole, 1 kg Messermuscheln (möglichst kleine aussuchen!), 1 Zwiebel, 3–4 Knoblauchzehen, Petersilie, 3 EL Olivenöl, 1 Tasse frische Tomatenwürfel
Basilikumsauce: 1 Tasse Basilikumblätter, 2–3 EL Semmelbrösel, 1 Tasse Olivenöl, Salz

Die Muscheln getrennt verarbeiten: Zunächst alle mehrmals in frischem Wasser durchspülen und gründlich entsanden. Für die Miesmuscheln und Vongole jeweils die Hälfte der feingehackten Zwiebeln, Knoblauchzehen und Petersilie im heißen Öl andünsten, Muscheln zufügen. Zugedeckt aufkochen, kräftig den Topf rütteln und schütteln. Nach etwa fünf Minuten, sobald alle Muscheln geöffnet sind, sind sie auch gar.
Messermuscheln nebeneinander auf einem Blech im 180 Grad heißen Ofen 2 bis 3 Minuten garen, bis alle geöffnet sind. Mit Olivenöl beträufelt servieren. Alle Muscheln mit ihrem Saft in Tellern anrichten. Mit Tomatenwürfeln bestreuen. Kleckse von Basilikumsauce darauf verteilen: Dafür die Zutaten mit dem Pürierstab glatt mixen. Die Sauce bleibt schön grün, wenn man die Blätter zuvor blanchiert.
Dazu passen natürlich Vitovska oder Sauvignon Blanc (etwa von Kante), man könnte auch einen Chardonnay von Simčič oder Renčel probieren.

Auf den Tischen des »Pettirosso« sieht man Weißweinflaschen im Eiskübel, natürlich Wasserflaschen, es wird aber auch aus dunklen Sektflaschen ausgeschenkt, deren Kronenkorken mit einem Plopp entfernt wurden – eine dunkle Flüssigkeit ins Wasserglas. Was ist das? Bier! Es wird im Nachbarort produziert, seit 1999, und heißt Cittavecchia, »alte Stadt«. Cheftechniker und Braumeister der im Industriegebiet eingerichteten, niedlich kleinen, aber hochmodernen Brauerei ist Michele Barro, seine Frau Valentina macht die Buchhaltung. Zunächst hatte Michele das Bierbrauen als Hobby betrieben, um die stürmische Nachfrage zu befriedigen schließlich die Birreria gegründet: Jetzt braut er vier Biersorten, insgesamt 700 Hektoliter im Jahr, pro Kessel 500–600 Liter: Chiara (Helles) nach bayerischer Art mit deutschem Malz, Rossa (Rotes) im Wiener Stil mit mehr Alkohol und leicht hopfenbitter, Formidable (Dunkel) auf belgische Art mit viel Malz und ein frisches Weizen. Alle Biere sind frisch, nicht pasteurisiert, ungefiltert und gären in der Flasche nach. Sie schmecken eindeutig, würzig, ursprünglich – und gar nicht so langweilig, wie das Bier sonst in Italien. Birra Chiara empfiehlt Michele Barro zu Vorspeisen, Fisch, hellem Fleisch, Pizza und jungem Käse, Weizen zu rohem oder frittiertem Fisch und Krustentieren, Rossa zu Pasta, Risotti, dunklem Fleisch, Käse. Das Formidable (mit 15 Grad serviert!) zu dunklem Fleisch, Wild, gereiftem Käse und Schokodesserts, ganz besonders zu Sachertorte!

SCHINKEN-PARADIES

In Gradisca am Isonzo steht gemütlich am Straßenrand die »Osteria Mulin Vecio«, zur »Alten Mühle«. Sie scheint nur so dahinzudämmern. Aber der Eindruck täuscht: Sie ist höchst lebendig!

Spezialität des Karsts, vom Friaul über Slowenien und Istrien bis hinunter nach Dalmatien, ist der luftgetrocknete Prosciutto oder Pršut. Natürlich findet man meist durchschnittliche Fabrikware. Bäuerliche Produkte können viel besser (oder auch schlechter) sein – im »Mulin Vecio« ist alles von außerordentlicher Qualität! Wie viele Schinken werden hier jeden Tag aufgeschnitten? Am Wochenende fallen die Sportler ein, kommen die großen Familien zur Hochzeit, nach der Taufe oder einer Beerdigung. Dann haben alle alle Hände voll zu tun, denn für 250 Gäste reicht der Platz leicht.

Betritt man das Haus, empfängt einen eine alte Gaststube mit vielerlei Messing- und Kupfergeschirr. Gruppen von Männern stehen herum oder sitzen an Tischen. Warmherzige Begrüßung, die Wünsche? Gekochter und roher Schinken prangen in ihren Halterungen, werden vom alten Bruno oder seinem Sohn Luca per Hand aufgeschnitten wie eh und jeh, die Scheiben einzeln auf das Butterbrotpapier gelegt, gewogen, die Papierblätter mit ihrer Fracht auf einen Pappteller gezogen … Die Frauen richten das zugehörige, wunderbar krumige und knusprige Brot, häufen den Kren, Meerrettich, daneben, fischen die *sott'aceti,* die in Essig eingelegten Gemüse, aus den großen Gläsern, die auf dem Tresen stehen. Dazu noch eine Karaffe vom offenen Wein: buon appetito! Draußen ist es unter einem weit gespannten Zeltdach luftig und still, die nachmittägliche Sonne wärmt den Oktobertag noch angenehm. Insekten summen, eine Gruppe alter Männer spielt Karten. Ständig kommen andere hinzu und geben ihre mehr oder weniger willkommenen Ratschläge. Kurz wird es laut, dann kehrt wieder beschauliche Ruhe ein. Doch am späten Vormittag, vor dem Mittagessen, da geht es hier hoch her: Dann kommen die Männer in Scharen und nehmen ein (oder auch zwei) Glas Wein zum Aperitif, begleitet von den köstlichen Kleinigkeiten.

LIEBLINGSRESTAURANT

Klassisches Ambiente, ein Weinkeller, der keine Wünsche offen lässt, ein liebenswürdiger Wirt, eine ehrliche, unverfälschte Küche und der beste, frischeste Fisch weit und breit: Das »Campiello«

Wo ist der Haken? Es gibt keinen! Vielleicht die etwas ungemütliche Lage, unmittelbar an der heftig befahrenen Nationalstraße bei San Giovanni di Natisone, etwa in der Mitte zwischen Triest und Udine. Aber davon hört und sieht man nichts mehr, sobald man das großzügige, klassisch und geschmackvoll eingerichtete Lokal betreten hat. Im Laufe der mehr als 20 Jahre, die Dario Macorig mit seiner Frau Marisa das »Campiello« nun betreibt, hat sich das angenehme Haus nicht verändert. Es ist höchstens noch wohnlicher geworden, mehr Bilder (von befreundeten Malern) wurden aufgehängt, die Bücherregale haben sich gefüllt (kein Buch über die Region, in dem das Haus nicht lobend hervorgehoben wird!), noch mehr Gläser sind dazugekommen, damit wirklich für jede Art von Wein das den Geschmack unterstützende vorhanden ist, und die Zimmer sind inzwischen sehr schön und bequem gerichtet.
Aber eins ändert sich im »Campiello« nie: Hier gibt es den besten Fisch der nördlichen Adria! Stets so sorgsam und perfekt zubereitet, dass seine Qualität erhalten bleibt, nicht verkünstelt wird. Es ist ein klassisches italienisches Ristorante, wie man es sich schöner, angenehmer, besser nicht wünschen kann und so immer eine Reise lohnt! Dario empfängt die Gäste strahlend, berät, empfiehlt, erklärt, rennt unermüdlich durch den Saal, serviert, schleppt Flaschen herbei, entkorkt, lässt probieren, schwatzt, scherzt, lacht mit seinen Gästen und freut sich, wenn er spürt: Sie fühlen sich wohl. Er ist ein Wirt aus Leidenschaft!

I

SPINATSOUFFLÉE

Mit einer gelben Paprikasauce, die mit ihrer Fruchtigkeit verblüffend gut zum sanften Spinat passt. Kleckse eines uralten Balsamico tragen mit ihrer herben, säuerlichen Süße die perfekte Harmonie in diesen Dreiklang.

Für sechs Personen:
1 EL Mehl, 2 EL Butter, ¼ l Milch, Salz, Muskat, Pfeffer, 1 Anchovis, 300 g blanchierter Spinat, 75 g Parmesan, 2 Eier
Paprikasauce: 1 gelbe Paprika, 1 kleine Zwiebel, 2 Knoblauchzehen, 4 EL Olivenöl, ca. ¼ l Brühe

Mehl in der aufschäumenden Butter andünsten, Milch angießen und 20 Minuten dick einkochen, mit Salz, Muskat, Pfeffer und Anchovis kräftig würzen. Mit Spinat glatt mixen, dabei Käse und Eigelb einarbeiten. Den steif geschlagenen Eischnee unterziehen. In gebutterte Förmchen verteilen. In der mit Wasser gefüllten Fettpfanne bei 180 Grad ca. 15 bis 20 Minuten garen (je nach Größe der Förmchen).
Für die Sauce Paprika, Zwiebel, Knoblauch in wenig Olivenöl andünsten. Mit Brühe auffüllen, alles weich kochen und glatt mixen. Gut abschmecken, mit Olivenöl aufmixen, bis die Sauce cremig ist und glänzt.

2

ROHE SCAMPI

Es werden die Krustentiere ja gern durcheinander geworfen und miteinander verwechselt. Hier sind tatsächlich Scampi zu sehen, mit ihren schmalen, typischen Scheren und dem an der Unterseite abgeflachten Schwanz. Ihre Kollegen mit dem im Querschnitt ovalen Schwanz, die Garnelen, haben keine Scheren, sondern nur mehr oder weniger lange Fühler an denen man sie leicht erkennt. So lange sie wirklich frisch sind, kann man sie alle auch roh verspeisen. Mit etwas sehr gutem Salz gewürzt (wie zum Beispiel aus der Saline Sečovlje in Piran – es ist zart, geradezu fruchtig, die feinen, mürbe Kristalle lassen sich zwischen den Fingern zerreiben), nur ganz wenig Pfeffer (natürlich frisch, aus der Mühle) sowie einigen Tropfen allerbesten Olivenöls. Ein mildes und dennoch fruchtiges ist ideal, wenn man keins aus Friaul bekommt – dann vielleicht eins aus Istrien von Torcio (siehe Seite 220). Die Scampi werden auf der Bauchseite liegend mit einem großen Messer längs halbiert und so sparsam wie nur möglich gewürzt, damit ihr süßer Eigengeschmack nicht überdeckt wird

3
SALAT VOM RÄUCHERAAL

Aal aus den Flüssen des Carso, jung, nicht zu groß, deshalb nicht zu fett und sanft geräuchert. Auf einem Bett von verschiedenen Sprossen mit einer Meerrettichsauce

Für vier Personen:
1 Räucheraal (ca. 400 g), 2–3 Hand voll gemischter Sprossen: von Alfalfa über Radieschen, rote Bete bis zu Zwiebeln, Salz, Pfeffer, Zitronensaft, Olivenöl, 4–6 kleine gekochte Pellkartoffeln, 200 g Frischkäse

Den Aal sorgfältig häuten und entgräten, in Portionsstücke schneiden. Die Sprossen mischen, mit Salz, Pfeffer, Zitronensaft und wenig Olivenöl nur ganz leicht würzen. Als Bett auf Tellern verteilen. Die Aalstücke darauf anrichten. Heiße Pellkartoffeln dazu sowie ein dicker Klecks Frischkäse, der mit Salz, Pfeffer und Zitronensaft schaumig gerührt ist.

4
GARNELEN IM SPECKMANTEL

Der Mantel aus *lardo*, dem rohen, mit Knoblauch und Rosmarin, im Salz gereiften, schneeweißen Rückenspeck von glücklichen Schweinen, ist so dünn, dass er beim Braten schmilzt und unsichtbar wird. Dazu gibt's eine federleichte Sauce aus Bohnenkernen sowie ein knuspriges Röllchen aus Filoteig

Für zwei bis drei Personen:
8–12 Garnelen, Salz, Pfeffer, ebenso viele hauchdünne Scheibchen Lardo/Speck.
*Bohnensauce: 2 kleine Schalotten, 1 Knoblauchzehe, 2 dünne Speckscheiben/*lardo, *1 EL Olivenöl, 1 Zweiglein Bergbohnenkraut, 250 g gekochte braune Bohnenkerne, 1 Glas Weißwein, 1 Tasse Brühe. 1 Filoteigblatt, Milch*

Die Garnelen schälen, entdärmen (längs den Rücken aufschlitzen, den schwarzen Darm herausziehen.) Vorsichtig mit Salz, mutig mit Pfeffer würzen. Jeden Schwanz in eine passend zugeschnittene Speckscheibe wickeln. In einer sehr heißen, beschichteten Pfanne rasch rundum braten – dann neben dem Feuer noch zwei, drei Minuten ruhen und ziehen lassen.

Für die Sauce Zwiebel, Knoblauch und Bergbohnenkraut sowie die Speckscheiben fein hacken und im Öl andünsten. Die Bohnen zufügen, Wein angießen und wenig Brühe, einige Minuten köcheln, bis der Alkohol verflogen ist. Mit dem Mixstab glatt pürieren. Von diesem dicken Püree für die Füllung der Röllchen die Hälfte abnehmen. Den Rest mit Brühe auf Saucenkonsistenz verdünnen. Gut abschmecken!
Das Teigblatt mit Olivenöl einpinseln, pfeffern, eine Linie Bohnenpüree daraufsetzen, aufrollen. Mit Milch einstreichen, in fingerlange Stücke schneiden, auf Backpapier bei 180 Grad ca. 15 Minuten backen.

3

5

FISCHSUPPE

Ein weiteres Musterbeispiel für ein rund um die Adria beliebtes Gericht. Dieses ist besonders elegant!

Für vier bis sechs Personen:
1 Zwiebel, 3–4 Knoblauchzehen, 1 Möhre, 3 EL Olivenöl, je 2 Petersilien- und Basilikumzweige, etwas wildes Fenchelgrün, 1 Selleriestängel, 500 g Tomaten, 1 Glas Weißwein, 1 Tasse konzentrierter Fischfond oder besser noch 500 g Fischgräten und -köpfe, Salz, Pfeffer ca. 800 g Fischfilet, Muscheln, Garnelen, kleine Sepie usw., 1 Tasse frische Tomatenwürfel

Zwiebel, Knoblauch und Möhre würfeln und im Öl andünsten, die Kräuterstiele zerkleinert zufügen (Blätter abzupfen und beiseitetun), auch den gehackten Sellerie. Die Tomaten zerdrücken und mitdünsten. Schließlich Wein und Fischfond zufügen (oder Gräten und Köpfe), und mit Wasser bedecken. Eine halbe Stunde durchkochen, dann alles durch ein Sieb passieren. Diesen Sud abschmecken, die Fischstücke und Meeresfrüchte darin vorsichtig wenige Minuten ziehen lassen. Die beiseitegelegten Kräuter und die frischen Tomatenwürfel zufügen. Alles nochmals abschmecken und mit gerösteten Croûtons servieren.

6

ZIEGENKÄSERÖLLCHEN

Hauchdünner Nudelteig umhüllt eine Creme aus Ziegenfrischkäse. Dazu eine herzhafte Anchovissauce.

Für vier Personen:
12–14 Nudelblätter (Rezept S. 19), 400 g Ziegenfrischkäse, 3–4 Anchovis, 50 g schwarze Oliven, Salz, Pfeffer, ½ l Brühe
Anchovissauce: 2 EL Pinienkerne, 1 Tasse Olivenöl, 3–4 Knoblauchzehen, 4–5 Anchovis, Pfeffer, 1 Hand voll Basilikumblätter, 1 Tasse Tomatenwürfel

Die Nudelblätter nur eine Minute in Salzwasser blanchieren, kalt abschrecken und auf der Arbeitsfläche ausbreiten. Aus Frischkäse, Anchovis und entsteinten Oliven eine Creme mixen, abschmecken. Auf die Teigblätter verteilen (mit einem Spritzbeutel), aufrollen, nebeneinander in eine feuerfeste Form legen, Naht nach unten. Mit heißer Brühe begießen und 5–8 Minuten ins 200 Grad heiße Backrohr stellen.
Für die Sauce Pinienkerne anrösten, einen Löffel Öl zufügen, Knoblauch und Anchovis mitdünsten. Gut pfeffern. Mit den Basilikumblättern und dem frischen Öl mit dem Pürierstab zur cremigen Sauce schlagen. Die Röllchen auf Tellern anrichten, mit der Sauce umklecksen, mit Tomatenwürfeln dekorieren.

4

5

6

COLLIO UND BRDA

Beides heißt so viel wie Hügel, einmal italienisch, einmal slowenisch. Wo die Grenze verläuft, ahnt man nicht: Im ganzen Gebiet gedeihen vorzügliche, mineralische, saftige Weine, die gut altern.

Lange Jahre waren die friulanischen Winzer ihren slowenischen Nachbarn voraus: Sie konnten sich frei entfalten, investieren, mit EU-Beihilfen und Bankkrediten die Ausstattung ihrer Keller auf den modernsten Stand bringen, während die Kollegen jenseits der Grenze unter der staatlichen Bewirtschaftung ums Überleben kämpften. Seit der Gründung des Staates Slowenien, der in dieser Form noch nie in der Geschichte existiert hat, hat sich alles geändert: In unglaublich kurzer Zeit haben die slowenischen Winzer zu Friaul aufgeschlossen. Man wird in den nächsten Jahren noch viel von ihnen hören!
Eines der großen Vorbilder war und ist noch immer Joško Gravner in Oslavia. Der eigenwillige Qualitätsfanatiker schreibt seit den Achtzigerjahren Weingeschichte. Er war der Erste, der mit dem Barrique erfolgreich umging und auf alle Hilfsmittel der modernen Weinproduktion verzichtete. Er macht genau das Gegenteil des internationalen Weinmarktes, keine schnell trinkbaren Weine mit fruchtigen Primäraromen, sondern mineralische, gehaltvolle Weine, die sich langsam entwickeln. Nicht *fast*, sondern *slow!* Inzwischen benutzt er keine Holzfässer mehr, sondern riesige Amphoren aus Georgien, wo sie seit Jahrtausenden dem Weinausbau dienen. So extrem wie er sind nur wenige (etwa Radikon, Bild Seite 260), aber in die Richtung arbeiten immer mehr Individualisten.

Steinpilze verlangen einen gehaltvollen Wein. Der Breg Anfora von Joško Gravner mit seiner üppigen Fülle und Kraft hält dem intensiven Duft nach Waldboden nicht nur stand, sondern bietet ihm ebenbürtigen Widerpart. Langsamer Ausbau mit Luftkontakt gibt die dunkle Farbe und extreme Dichte im Geschmack.

2

I

STEINPILZE AUS DEM ROHR

Eine fabelhafte Art, Steinpilze zuzubereiten.
So sollen nicht zu groß sein, die Schwämme also noch weiß und die Stiele schön fest.

<u>Für zwei Personen:</u>
2–4 Steinpilze, Salz, Pfeffer, Petersilie, Knoblauch, Olivenöl

Die Pilze sauber wischen. Mit einem scharfen Messer die Stiele senkrecht bis zum Hut mit engen, parallelen Schnitten einschneiden, dort salzen, pfeffern. Petersilie und Knoblauch sehr fein hacken und dazwischen streuen. Olivenöl hineingießen. In einer feuerfesten Form bei 200 Grad etwa 10 bis 20 Minuten backen – je nach Größe der Pilze. Dazu Weißbrot servieren.

2

GUBANICA

Eines der vielen traditionellen Gerichte der »Trattoria-Gostilna Devetak« in San Michele del Carso.

<u>Für vier bis sechs Personen:</u>
<u>Strudelteig:</u> 200 g Mehl, 1 Salzprise, 1 EL Öl, ca. 1/8 l lauwarmes Wasser, Mehl zum Ausrollen
<u>Füllung:</u> 3 Eigelb, 5–6 EL Zucker, 250 g Ricotta (oder Schichtkäse), 75 g Mohnsamen, 3 Äpfel, 1 Zitrone, Butter zum Bepinseln, Puderzucker

Einen weichen Teig kneten und unter einer heiß ausgespülten Schüssel eine halbe Stunde ruhen lassen. Eigelb mit 2–3 EL Zucker dick schlagen, Ricotta (oder gut abgetropften Schichtkäse) und Mohnsamen unterrühren. Äpfel schälen, entkernen, in Scheibchen hobeln. Mit Zitronensaft und -schale sowie Zucker würzen. Den Teig auf einem bemehlten Tuch ausrollen, dann über dem Handrücken dehnen und ausziehen. Mit flüssiger Butter einpinseln. Die Quarkfüllung auf der Längsseite der Teigfläche bis zur Mitte verstreichen, auf den anderen Seiten einen schmalen Rand lassen. Die Äpfel auf den Quark verteilen. Das Tuch an der belegten Seite anheben, so den Strudel aufwickeln und auf ein mit Backpapier belegtes Blech schubsen, Naht nach unten. Mit Butter einpinseln. Bei 180 Grad etwa 40 Minuten backen, dabei öfters mit Butter und später dem ausgetretenen Saft einpinseln. Lauwarm servieren, dick mit Puderzucker bestäubt.

IN DER LAGUNE

Die Lagune di Marano zwischen Lignano und Grado ist nicht so groß und berühmt wie die von Venedig, aber nicht minder schön. In weiten Teilen Naturreservat, ist sie stiller und natürlicher.

Marano Lagunare, das schmucke Städtchen am Ende der Straße, die durch das topfebene Gebiet der Stellamündung zur Lagune führt, ist einer der wichtigsten Fischereihäfen des Friaul. Touristen setzen mit dem Boot zum Goldstrand von Lignano über oder schippern durch die romantische Lagune. Auf der Piazza römische Säulen, stilsicher restauriert und inszeniert (Legionäre hatten 200 v. Chr. den Ort gegründet), ein eindrucksvoller mittelalterlicher Turm, die Farben der Häuser frisch und lebendig, nicht verwittert, wie man das von der größeren Lagune weiter westlich kennt. Auch das Restaurant »Vedova Raddi« glänzt frisch gestrichen, in leuchtend venezianischem Rot. Davor, auf der Piazza Garibaldi, warten weiß gedeckte Tische unter der Markise auf Gäste. Die Business-Männer im Anzug sitzen natürlich drinnen, im gekühlten, cool designten Speisesaal. Aber die Küche genießen alle gleichermaßen: klassisch, dabei pfiffig, einfach gut! Die namensgebende Witwe Raddi lebt nicht mehr, nun hat die dritte Generation, der Großneffe, das Erbe übernommen. Schön, dass die Tradition weiterlebt!

1

ANTIPASTO DI MARE

Auf einen solchen Teller gehören in Venetien unbedingt die geliebten Meeresheuschrecken, cannochie oder cigale genannt. Und ein Salat vom Oktopus *(polipo)*.

Für vier Personen:
8–10 absolut frische Cigale, Salz, Pfeffer, Olivenöl.
Oktopussalat: 1 Oktopus (à 500 g ca. nach dem Rezept Seite 249 gekocht), 1 TL Pfeffer, 3–4 Kartoffeln, Petersilie, 1 Zitrone, 3 EL Olivenöl

Die Meeresheuschrecken über Dampf 3–5 Minuten garen. Mit einer Schere die Oberseite des Panzers abschneiden und so das Fleisch frei legen. Mit Salz, Pfeffer und Olivenöl würzen. Den Oktopus in seinem Sud wieder lauwarm werden lassen. Die Kartoffeln gar kochen, pellen, in Scheiben schneiden. Mit Salz, Pfeffer, Petersilie, Zitrone und Olivenöl anmachen, eventuell mit etwas Oktopussud anfeuchten. Den Oktopus in Stückchen schneiden und untermischen.

2

VONGOLE IN WEISSWEIN

Man kann sie pur essen oder mit Spaghetti vermischt – die berühmten *Spaghetti alle vongole in bianco*.

Für vier bis sechs Personen:
1 Zwiebel, 3–4 Knoblauchzehen, 2–3 EL Olivenöl, glatte Petersilie, ca. 1 kg Vongole (Venus- oder Teppichmuscheln)

Zwiebel und Knoblauch sehr fein hacken, in einem möglichst flachen und breiten Topf (der den Muscheln viel Bodenkontakt bietet und nachher den Sud schnell verdampfen lässt) im Olivenöl andünsten. Zwei Esslöffel fein gehackte Petersilie mitdünsten. Die mehrmals in immer wieder frischem Wasser gespülten und entsandeten Muscheln zufügen. Deckel drauf, aufkochen und zwei bis drei Minuten heftig kochen. Dabei den Topf ab und zu kräftig schütteln, damit alle Muscheln immer wieder Bodenkontakt haben und ausreichend Hitze abkriegen. In tiefen Tellern oder mit frisch gekochter Pasta servieren.

Mittags liegen die großen Fisch-Trawler dicht an dicht im ruhigen Hafen, die Fischer haben ihren Fang in der Halle abgeliefert; jetzt ist Zeit, Netze und Technik zu überprüfen. Der ganze Ort ist um diese Zeit wie ausgestorben, alle sitzen beim Mittagessen: Siesta! Dann blickt der 1000 Jahre alte Turm auf die leere Piazza (siehe nächste Seite). Das Wahrzeichen der Stadt hat man später mit venezianischen Büsten geschmückt – sehr dekorativ! Zum Essen bei der Witwe Radda eine Ribolla gialla von Radikon aus Oslavia, in der Literflasche abgefüllt, die elegant, nicht plump wirkt. Wie der Wein, der trotz seiner tiefgelben, oxydativen Farbe mit einer Leichtigkeit und Frische verblüfft, die man ihm nicht zutraut, wenn man ihn im Glas sieht. Ohne Schwefel ausgebaut und, wie das Etikett empfiehlt, mit 15 Grad zu trinken. Wir genießen ihn aus dem Eiskübel!

3
ÜBERBACKENE MUSCHELN

Dreierlei Sorten hier auf dem Teller: Miesmuscheln, leicht zu erkennen. Davor *fasolari*, große braune Herzmuscheln und dahinter *canestrelli*, kleine Jakobsmuscheln.

Für vier bis sechs Personen:
Ca. 1,2 kg Muscheln, 2 EL Öl, ½ Glas Weißwein, 100 g Semmelbrösel, 3–4 Knoblauchzehen, Salz, Pfeffer, 1 Handvoll Petersilienblätter, Olivenöl

Die Muscheln in immer wieder frischem Wasser spülen. In einem Topf Öl und Wein aufkochen, die Muscheln zufügen und zugedeckt 2 bis 4 Minuten heftig kochen, bis sie alle geöffnet sind. Brösel, fein gehackter Knoblauch und Petersilie mischen, salzen und pfeffern und so viel Öl unterrühren, dass alles gut zusammenhaftet. Die Muscheldeckel entfernen, das Muschelfleisch jeweils mit Bröselmischung bedecken. Nebeneinander auf einem Blech im 200 Grad heißen Ofen (Oberhitze) 5 Minuten bräunen.

4
TAGLIATELLE MIT GARNELEN

Diese wunderbare, intelligente italienische Küche: kleine Garnelen ergeben immer noch einen Sugo für die Pasta!

Für vier Personen:
500 g schmale Bandnudeln (Nudelteig Seite 19), Salz
Garnelensugo: 1 kleine Zwiebel, 3–4 Knoblauchzehen, 3 EL Olivenöl, 2 El gehackte Petersilie, 300 g rohe Garnelenschwänzchen, 1 TL Speisestärke, Salz, Pfeffer, ⅛ l Weißwein, 2 Tassen Tomatenwürfel, 1 Hand voll Rucola

Die Pasta in gut gesalzenem Wasser kochen. In einer Pfanne sehr fein gehackte Zwiebel und Knoblauch in Olivenöl andünsten. Petersilie dazu, auch die mit Speisestärke eingeriebenen Garnelen. Salzen und pfeffern. Wein angießen und aufkochen. Tomatenstücke zufügen und alles zwei Minuten durchschmurgeln, abschmecken. Die Pasta dazu, gründlich umwenden. Erst ganz zum Schluss die Rucolablätter untermischen. Kein Käse!

3

4

5

MEERESFRÜCHTE VOM GRILL

Kleine Sepie auf ein Holzstäbchen gespießt, die größeren Krustentiere werden einfach so auf den Grill gelegt. Olivenöl, Knoblauch, Petersilie – mehr braucht man nicht, um ihren Eigengeschmack hervorzukitzeln.

Für vier Personen:
Je 8–10 Scampi und Garnelen (mazzancolle),
ca. 500 g ganz kleine Sepie (seppioline).
Knoblauchöl: 3–4 Knoblauchzehen, glatte Petersilie, Salz,
150 g Olivenöl, Olivenöl zum Pinseln

Meeresfrüchte waschen und abtrocknen. Die kleinen Sepie vor allem innen gut auswaschen. Auf Holzspieße fädeln, dabei die Köpfe und Tentakeln immer zwischen die Körperbeutel aufspießen. Knoblauch und Petersilie miteinander sehr fein hacken, dabei salzen. Mit dem Öl verrühren. Alle Meeresfrüchte mit Olivenöl einpinseln und über der Glut auf beiden Seiten grillen, bis Bratspuren sichtbar sind. Zusammen mit dem Knoblauchöl servieren.

REZEPTREGISTER

Kursiv sind jene Rezepttitel gedruckt, die nur im Bildtext kurz beschrieben sind. Ausführliche Rezepte sind gerade gesetzt.

ANTIPASTI

SUPPEN

GEMÜSE

PASTA

FISCH & MEERESFRÜCHTE

FLEISCH

DESSERTS

GRUNDREZEPTE

ADRESSEN

HOTELS UND RESTAURANTS

Bitte stets in allen Restaurants vor dem Besuch anrufen und nach den Öffnungszeiten fragen: An der gesamten Adria wechseln diese häufig, viele Restaurants servieren im Sommer durchgehend, in der Nebensaison vielleicht nur abends oder an wenigen Wochentagen. Wir raten Ihnen, immer rechtzeitig zu reservieren!
Wenn Sie innerhalb der Länder telefonieren und die internationale Kennung (+39 für Italien, +385 für Kroatien) nicht benutzen: In Italien bleibt die 0 vor der Ortszahl (in Klammern – außer, wenn es sich um eine Mobilnummer ohne 0 davor handelt) stehen, in Kroatien muss sie hinzugefügt werden!

Restaurant
1 ACO (S. 188)
Barbat 458
HR – 51280 Rab
Tel. +385 (51) 721 527

Hotel
2 ANGELO D'ORO (S. 207)
Via Svalba, 38-42
HR – 52210 Rovinj
Tel. +385 (52) 840 502
www.angelodoro.hr

Konoba
3 ANTE – VRULJE (S. 175)
Jeratova 2, Kornat
HR – 22243 Murter
Tel. +385 (91) 519 92 46

Trattoria
4 ANTICHI SAPORI (S. 96)
Piazza Sant'Isidoro, 9
I – 70031 Andria – Montegrosso
Tel. +39 (883) 569 529
www.antichisapori.biz

Osteria
5 dell'ARANCIO (S. 72)
Piazza Peretti
I – 63013 Grottamare alta
Tel. +39 (0735) 631 059

Antica Trattoria
6 Le BARETTINE (S. 238)
Via del Bastione, 3
I – 34124 Trieste
Tel. +39 (040) 30 17 76

Hotel Restoran Konoba
7 BOŠKINAC (S. 182)
Novaljsko polje
HR – 53291 Novalja
Tel. +385 (53) 663 500
www.boskinac.com

Locanda
8 La BRECCIA (S.46)
Via Caminate, 43
I – 61039 San Costanzo
Tel. +39 (0721) 935 121

Ristorante Hotel
9 CAMPIELLO (S. 252)
Via Nazionale, 40
I – 33048 San Giovanni al Natisone
Tel. +39 (0432) 757 910
www.ristorantecampiello.it

Antica Osteria
10 CERA (S. 16)
Via Marghera, 24
I – 30010 Campagna Lupia, Loc. Lughetto
Tel. +39 (041) 518 50 09
www.osteriacera.it

Susci Bar
11 Il CLANDESTINO (S. 67)
Contrada Portonovo
I – 60020 Ancona
Tel. +39 (071) 801 422
www.madonninadelpescatore.it

Osteria
12 CORTEINFIORE (S. 93)
Via Ognissanti, 18
I – 70059 Trani
Tel. +39 (883) 508 402
www.corteinfiore.it

Ristorante
13 DAMIR E ORNELA (S. 214)
U. Zidine – Via della Mura 5
HR – 52466 Novigrad
Tel. +385 (52) 758 134

Trattoria-Gostilna
14 DEVETAK (S. 257)
San Michele del Carso, 22
I – 34070 Savogna d'Isonzo
Tel. +39 (0481) 882 005

Slastišarnica – Eiscafé
15 DONAT (S. 181)
Trg Svete Stošije 4
HR – 23000 Zadar
Tel. +385 (23) 250 829

Hotel
16 DUOMO (S. 26)
Via Giordano Bruno, 28
I – 47900 Rimini
Tel. +39 (0541) 24 215
www.duomohotel.com

Hotel
17 EMILIA (S.70)
Poggio di Portonovo
I – 60020 Ancona
Tel. +39 (071) 801 145
www.hotelemilia.com

Osteria
18 da FIORE (S. 14)
Calle del Scaleter, 2202/A, San Polo
I – 30125 Venezia
Tel. +39 (041) 721 308

Hotel
19 FLORA (S. 14)
San Marco 2283/A
I – 30124 Venezia
Tel. +39 (041) 520 58 44
www.hotelflora.it

Hotel
20 FORTINO NAPOLEONICO (S. 70)
Baia di Portonovo
I – 60020 Ancona
Tel. +39 (071) 801 450
www.hotelfortino.it

Ristorante
21 da GIACCHETTI (S. 66)
Via Portonovo, 171
I – 60020 Ancona
Tel. +39 (071) 801 384
www.ristorantedagiacchetti.it

Enoteca
22 GRAN MALABAR (S. 241)
Piazza San Giovanni, 6
I – 34122 Trieste
Tel. +39 (040) 636 226

Ristorante
23 GROTTA DEI RASELLI (S. 88)
Località Cornino – Via Raselli
I – 66016 Guardiagrele
Tel. +39 (0871) 808 292
www.lagrottadeiraselli.it

Hotel Ristorante
24 GROTTA PALAZZESE (S. 110)
Via Narciso, 59
I – 70044 Polignano a Mare
Tel. +39 (080) 424 06 77
www.grottapalazzese.it

Restoran
25 HANIBAL (S. 157)
Fjaca 12
HR – 21450 Hvar
Tel. +385 (21) 742 760
www.hanibal.hr

Restoran
26 JEŽ (S. 166)
Petra Krešimira IV 90
HR – 21300 Makarska
Tel. +385 (21) 611 741

Restaurant Konoba
27 KAPETANOVA KUĆA (S. 148)
Mali Ston
HR – 20230 Ston
Tel. +385 (20) 754 555
www.ostrea.hr

Restaurant
28 KUKURIKU (S. 198)
Kastav 120
HR – 51215 Kastav
Tel. +385 (51) 691 417

Trattoria
29 alla LAGUNA – VEDOVA RADDI (S. 258)
Piazzetta Garibaldi, 1
I – 33050 Marano Lagunare
Tel. +39 (0431) 670 19

Bio-Masseria
30 LAMA DI LUNA (S. 102)
Montegrosso
I – 70031 Andria
Tel. +39 (0883) 569 505
www.lamadiluna.com

Restoran
31 LE MANDRAC (S. 194)
Obala F. Supila 10
HR – 51410 Opatija – Volosko
Tel. +385 (51) 701357
www.lemandrac.com

Residenza di Campagna
32 La LOCANDA DEL POMPA (S. 79)
Strada Statale 81 – Località Bivio Campli
I – 64012 Campli
Tel. +39 (0861) 569 011
www.lalocandadelpompa.it

Ristorante
33 MADONNINA DEL PESCATORE (S. 62)
Lungomare Italia, 11
I – 60017 Marzocca di Senigallia
Tel. +39 (071) 698 267
www.madonninadelpescatore.it

Konoba
34 MALO SELO (S. 234)
Fratrija 1
HR – 52460 Buje
Tel. +385 (52) 777 332

Ristorante
35 da MARIA (S. 48)
Via IV Novembre, 86
I – 61032 Fano (PU)
Tel. +39 (0721) 808 962

Konoba
36 MARINO (S. 228)
Kremenje 96 / B
HR – 52462 Momjan
Tel. +385 (52) 779 047
www.konoba-marino-kremenje.hr

Osteria
37 al MASCARON (S. 14)
Castello, Calle Longa Santa Maria Formosa 5225
I – 30122 Venezia
Tel. +39 (041) 522 59 95

Caffè
38 MELETTI (S. 77)
Piazza del Popolo, 20
I – 63100 Ascoli Piceno
Tel. +39 (0736) 259 626
www.meletti.it

Hotel
39 MILENIJ (S. 193)
M. Tita 109
HR – 51410 Opatija
Tel. +385 (51) 202 000
www.ugohoteli.hr

Hotel
40 MIRAMAR (S. 192)
Ive Kaline 11
HR – 51410 Opatija
Tel. +385 (51) 280 000
www.hotel-miramar.info

Restaurant
41 MONTE (S. 204)
Montalbano 75
HR – 52210 Rovinj
Tel. +385 (52) 830 203
www.monte.hr

Osteria tradizionale
42 MULIN VECIO (S. 250)
Via Gorizia, 2
I – 34072 Gradisca d'Isonzo
Tel. +39 (0481) 997 83

Restoran
43 NOŠTROMO (S. 172)
Kraj Sv. Marije 10 / Kraj ribarnice
HR – 21000 Split
Tel. +385 (91) 405 66 66
www.restoran-nostromo.hr

Konoba
44 OPAT (S. 179)
Luke 47, Kornat
HR – 22243 Murter
Tel. +385 (22) 435 061

Konoba
45 ORSAN (S. 144)
Štikovica 43, Zaton Veliki
HR – 20235 Zaton Mali
Tel. +385 (20) 891 267

Trattoria
46 PANTAGRUELE (S. 124)
Via Salita di Ripalta, 1/3
I – 72100 Brindisi
Tel. +39 (0831) 560 605

Osteria
47 il PETTIROSSO (S. 246)
Santa Croce, 16
I – 34100 Trieste
Tel. +39 (040) 220 619

Pasticceria Caffè
48 PIRONA (S. 241)
Largo Barriera Vecchia, 12
I – 34129 Trieste
Tel. +39 (040) 636 046
www.pirona.it

Ristorante Locanda Osteria
49 del POVERO DIAVOLO (S. 28)
Via Roma, 30
I – 47825 Torriana
Tel. +39 (0541) 675 060

Restoran
50 PROTO (S. 143)
Ul. Sikora 1
HR – 20000 Dubrovnik
Tel. +385 (20) 323 234
www.esculap-teo.hr

Albergo
51 REGINA (S. 55)
Lungomare Alighieri, 5
I – 60019 Senigallia
Tel. +39 (071) 792 74 00
www.albergoregina.it

Yacht Harbour Hotel
52 RIVA / Restaurant ROOTS (S. 159)
HR – 21450 Hvar
Tel. +385 (21) 750 750
www.suncanihvar.hr

Hotel
53 SAN CLEMENTE PALACE (S. 14)
Isola di San Clemente, 1
I – 30124 Venezia
Tel. +39 (041) 244 50 01
www.sanclementepalace.com

Trattoria
54 SAN MARCO (S. 25)
Piazetta Fiorentini, 6
I – 47042 Cesenatico
Tel. +39 (0547) 800 75

Hotel Restaurant
55 SAN ROCCO (S. 232)
Srednja ulica 2
HR – 52474 Brtonigla
Tel. +385 (52) 725 000
www.san-rocco.hr

Ristorante
56 SCABAR (S. 242)
Erta Sant'Anna, 63
I – 34149 Trieste
Tel. +39 (040) 810 368
www.scabar.it

Hotel Relais
57 La SOMMITA (S. 120)
Via Mons. G. Palma, 69
I – 72017 Ostuni
Tel. +39 (0831) 305 864
www.lasommita.relaisculti.com

Residenza
58 SVEVA (S. 90)
Via Campolieti, 17
I – 86039 Termoli
Tel. +39 (0875) 706 803
www.residenzasveva.com

Ristorante
59 SYMPOSIUM 4 STAGIONI (S. 40)
Via Cartoceto, 38
I – 61030 Serrungarina
Tel. +39 (0721) 898 320
www.symposium4stagioni.it

Ittiturismo
60 La TERRAZZA (S. 241)
Al Porto
I – 34015 Muggia
Tel. +39 (040) 275 331

Hotel
61 TERRAZZA MARCONI (S. 55)
Lungomare Marconi, 37
I – 60012 Senigallia
Tel. +39 (071) 792 79 88
www.terrazzamarconi.it

Restoran
62 TIC TAC (S. 177)
Hrokesina 5
HR – 22243 Murter
Tel. +385 (22) 435 230

Restaurant & Zimmer
63 TORCI 18 (S. 220)
Ul. Torci 43
HR – 52466 Novigrad
Tel. +358 (52) 757 799
www.nautico.hr

Masseria
64 TORRE COCCARO (S. 120)
C. da Coccaro, 8
I – 72010 Savelletri di Fasano
Tel. +39 (080) 482 93 10
www.masseriatorrecoccaro.com

Ristorante
65 da TUCCINO (S. 110)
Via S. Caterina, 69/F
I – 70044 Polignano a Mare
Tel. +39 (080) 424 15 60
www.tuccino.it

Restaurant
66 ULIASSI (S. 58)
Banchina di Levante, 6
I – 60019 Senigallia
Tel. +39 (071) 654 63
www.uliassi.it

Hotel Restaurant
67 VALSABBION (S. 201)
Pjescana uvala IX/26
HR – 52100 Pula
Tel. +385 (52) 218 033
www.valsabbion.net

Hotel Restoran
68 VESTIBUL PALACE (S. 171)
Iza Vestibula 4
HR – 21000 Split
Tel. +385 (21) 329 329
www.vestibulpalace.com

Restoran
69 VIKING (S. 210)
Limski Kanal 1
HR – 52488 Sv. Lovreč
Tel. +385 (52) 448 223

Hotel
70 VILLA DUBROVNIK (S. 139)
Vlaha Bukovca 6
HR – 20000 Dubrovnik
Tel. +385 (20) 422 933
www.villa-dubrovnik.hr

Agriturismo Ristorante Country House
71 VILLA FEDERICI (S. 45)
Via Cartoceto, 4
I – 61030 Cartoceto – Bagni di Serrungarina
Tel. +39 (0721) 891 510
www.villafederici.com

Ristorante Hotel
72 VILLA MAIELLA (S. 85)
Via Sette Dolori, 30
I – 66016 Guardiagrele
Tel. +39 (0871) 809 319
www.villamaiella.it

Hotel Restaurant
73 VILLA VIGNOLA (S. 90)
Strada Statale 16, Localitá Vignola
I – 66054 Vasto
Tel. +39 (0873) 31 00 50
www.abruzzocitta.it

Ristorante
74 ZIGANTE (S. 222)
Livade, 7
HR – 52427 Livade
Tel. +385 (52) 664 302
www.zigantetartufi.com

PRODUZENTEN UND WEINGÜTER

Olivenöl-Mühle
75 AL TORCIO (S. 220)
Strada Contessa 22a
HR – 52466 Novigrad – Cittanova
Tel. +385 (52) 758 093
www.altorcio.hr

Antico Pastificio
76 BENEDETTO CAVALIERI (S. 132)
Via Garibaldi, 64
I – 73024 Maglie
Tel. +39 (0836) 484 144

Salina di Cervia
77 La CAMILLONE (S. 24)
Via Salara, 6
I – 48015 Cervia
Tel. +39 (0544) 971 765
www.salinadicervia.it

Birrificio
78 CITTAVECCHIA (S. 249)
Zona Artigianale Stazione di Prosecco, 29/E
I – 34010 Sgonico (Trieste)
Tel. +39 (040) 251 060
www.cittavecchia.com

Azienda Agricola
79 GRAVNER (S. 256)
fraz. Oslavia, Via Lenzuolo Bianco, 9
I – 34070 Gorizia
Tel. +39 (0481) 30 882
www.gravner.it

Vina
80 KABOLA (S. 228)
Kanedolo 90
HR – 52462 Momjan
Tel. +385 (52) 779 208
www.konoba-marino-kremenje.hr

Souvenirs aus Stein
81 KAMENJAK (S. 152)
Ulica 56 br. 27
HR – 20160 Korčula
Tel. +385 (20) 711 412

Masseria
82 LAMA DI CORVO (S. 104)
Loc. Lama di Corvo
I – 70031 Andria
Tel. +39 (368) 560 821

Azienda Agricola
83 MASCIARELLI (S. 82)
I – 66010 San Martino sulla Marrucina
Tel. +39 (0871) 85 241
www.masciarelli.it

Cantina
84 MASSERIA MONACI (S. 134)
Tenuta Monaci
I – 73043 Copertino
Tel. +39 (0832) 947 512

Azienda Agricola
85 RADIKON (S. 256)
Loc. Tre Buchi, 4
I – 34170 Gorizia
Tel. +39 (0481) 328 04
www.radikon.it

Käse, Wein, Wurst und Schinken
86 SAN PATRIGNANO (S. 34)
Via San Patrignano, 53
I – 47852 Coriano
Tel. +39 (0541) 362 362
www.sanpatrignano.org

Azienda
87 SANTA BARBARA (S. 52)
Borgo Mazzini, 35
I – 60010 Barbara
Tel. +39 (071) 967 42 49
www.vinisantabarbara.it

Trüffeln – Agritourismus
88 TIKEL (S. 224)
Spinovci 88
HR – 52423 Karojba
Tel. +385 (52) 683 404
www.agroturizam-spinovci.com

Paški Sir (Pager Käse)
89 VIDAS (S. 182)
Tina Ujevica 1
HR – 53291 Novalja
Tel. +385 (53) 661 159

Trüffeln
90 ZIGANTE TARTUFI (S. 222)
Livade 7
HR – 52427 Livade
Tel. +385 (52) 664 030
www.zigantetartufi.com

Vina
91 ZLATAN OTOK (S. 163)
Sv. Nedjelja
HR – 21465 Jelsa / Hvar
Tel. +385 (21) 745 709
www.zlatanotok.hr

REGISTER

Kursiv gesetzte Seitenzahlen beziehen sich auf Bildunterschriften.

BIBLIOGRAPHIE

AMODE, MARTIN / WAGNER, CHRISTOPH / WESTERMANN, KURT-MICHAEL: *Der Kvarner.* Carinthia, Klagenfurt 2005

BAKOS EVA: *Friaul, Triest, Venetien.* DuMont Buchverlag, Köln 1989

BEHREND, KATRINA: *Marken.* Merian live, Gräfe und Unzer, München 2002

BLECKING, DIETHELM: *Adria und Hinterland.* Oase-Verlag, Badenweiler 2003

EDSCHMID, KASIMIR: *Italien – zwischen Alpen und Apennin.* Kohlhammer, Stuttgart 1955

EICKHOFF, EKKEHARD: *Venedig – spätes Feuerwerk.* Klett Cotta, Stuttgart 2007

GAMBERO ROSSO: *Ristoranti d'Italia 2006.* Roma 2005

GEOSAISON: *Kroatien.* Gruner & Jahr, Hamburg 2006

HEINICHEN, VEIT: *Die Toten vom Karst.* dtv, München 2003

HEINICHEN, VEIT: *Der Tod wirft lange Schatten.* Zsolnay, Wien 2005

HEINICHEN, VEIT / SCABAR, AMI: *Triest, Stadt der Winde.* Sanssouci, München 2005

HÖLLHUBER, DIETRICH: *Kroatien.* DuMont Reiseverlag, Ostfildern 2006

LEXE, PETER / NEUMÜLLER, FERDINAND: *Istriens köstliche Ziele.* Carinthia, Klagenfurt 2002

LÖCHEL, CHRISTIN: *Marken.* DuMont Reiseverlag, Köln 2003

MARČIĆ, RADOVAN/KARLIĆ, BRASLAV: *Schlemmer an Kroatiens Küste.* Fabra, Zagreb 2003

MARCO POLO: *Kroatische Küste – Istrien, Kvarner.* Mairs Geographischer Verlag, Ostfildern 2004

MARCO POLO: *Kroatische Küste – Dalmatien.* Mairs Geographischer Verlag, Ostfildern 2004

MARR-BIEGER, LORE: *Kroatien.* Vista Point Verlag, Köln 2005

MERIAN: *Kroatien.* Jahreszeiten-Verlag, Hamburg 2003

MICHELIN, GUIDA: *Italia 2005 und 2006.* Clermont-Ferrand

NENZEL, NANA CLAUDIA: *Apulien.* DuMont Reiseverlag, Köln 2005

SLOW FOOD EDITORE: *Osterie d'Italia 2006.* Bra 2005

STEINER, BERTRAM KARL / NEUMÜLLER, FERDINAND: *Trieste – il sapore di una città.* Carinthia, Klagenfurt 2003

VERONELLI EDITORE: *Gli Alberghi di Veronelli 2006.* Bergamo

VERONELLI EDITORE: *I Ristoranti di Veronelli 2006.* Bergamo

WAIBLINGER, FRANZ PETER (HRSG.): *Reisetextbuch Venedig.* dtv, München 1988

WAITZBAUER, HARALD: *Durch Istrien.* Otto Müller, Salzburg 1989

IMPRESSUM

www.collection-rolf-heyne.de

Fotografiert von
Martina Meuth

Umschlaggestaltung
Collection Rolf Heyne, unter Verwendung einer Fotografie von Udo Bernhart

Layout, Gestaltung und Satz von
v|Büro – Jan-Dirk Hansen, München

Lithografie von
Lorenz und Zeller, Inning am Ammersee

Druck und Bindung von
Passavia, Passau

Printed in Germany

ISBN 978-3-89910-287-1